国語教育選書

主体的な〈読者〉に育てる小学校国語科の授業づくり
―辞典類による情報活用の実践的方略―

中洌正堯・吉川芳則 編著

明治図書

まえがき

　子どもたちを「受け身的な学習者」から「主体的な読み手＝〈読者〉」に育てる。そのための実践的方略を求めつづけたい。

　戦後の単元学習から，主体的学習，総合的な学習，読者論の導入，ゆとり教育，PISA型読解力，単元を貫く言語活動，そして今日のアクティブ・ラーニングまで，その機会はいくらもあったし，その面の主張も多くなされている。私自身を振り返ってみても，「倉澤栄吉氏の読書指導論」（1981），「峰地光重の読方教育論」（1986）等の考察によって，「教材からの離陸」「教材への着地」「脱教科書論」「教材も成長する」などの精神を学んでいる。本書の「総論」はこの学びをふまえたものである。

　「教材からの離陸」は，教材に対して，読み手の経験や既有知識に照らしつつ，どういう意味か，なぜこの表現かといった問いに始まる。そうした問題意識と思考，協議，判断（「教材への着地」）を小・中学校を通して集積することによって，文章・作品をメタ認知する〈読者〉へと成長する。

　本書では，問いと判断の活動の拠りどころを，「辞典類の活用」に置く。「辞典類の活用」によって，教材に使われている言葉の意味と辞典類の情報との差異に気づく（「教材からの離陸」）。その差異を，思考，協議，判断によって埋めていく（「教材への着地」）のである。

　「辞典類」の中には，既習教材なども文献資料として含める。したがって，「教材からの離陸」「教材への着地」には，たとえば，「海の命」における「撃つ・撃たないの問題」を，「大造じいさんとガン」「ごんぎつね」のそれと比べて，思考，協議，判断するスケールのことなども構想される。

2016年7月

兵庫教育大学名誉教授　中洌正堯

目次

まえがき　3

序章　総論　〈読者〉に育てる授業デザイン

❶ 「〈読者〉に育てる」とは　8
❷ 〈読者〉になる要件　9
❸ 単元の授業過程の目安　9
❹ 〈読者〉になるためのサプリメント　11
❺ 〈読者〉意識の教材研究　13
❻ 第三次段階の読みのさらなる期待　21

第1章　文学教材編　辞典類を活用した読むことの授業づくり

● 授業づくりのポイント

1　辞典類を活用させたい表現（語句）の取り扱い　24
2　自ら探究する読み手を育てる　30

● 授業デザイン

3　【3年「モチモチの木」】
　事典を生かし豊かに想像を巡らせて読む　36
　この授業のポイント　41

4 【5年「注文の多い料理店」】
　ファンタジーの世界に誘う物語のしかけを読み解く ……… 42
　この授業のポイント ……… 47

5 【6年「いにしえの言葉に学ぶ」】
　自分たちの風土記づくりを通して古典に親しむ ……… 48
　この授業のポイント ……… 53

● 授業実践

6 【1年「たぬきの糸車」】
　他の情報へアクセスする読み手を創造する ……… 54
　この授業のポイント ……… 61

7 【2年「お手紙」】
　シリーズ作品を複数読み，自己の読みを豊かにする ……… 62
　この授業のポイント ……… 69

8 【4年「ごんぎつね」】
　作品世界を創る〈読者〉に育てる ……… 70
　この授業のポイント ……… 77

9 【6年「やまなし」】
　多様な交流学習を用いた宮沢賢治作品の比べ読み ……… 78
　この授業のポイント ……… 85

第2章　説明文教材編　辞典類を活用した読むことの授業づくり

● 授業づくりのポイント

1 自立した〈読者〉に育てる説明的文章の授業づくり ……… 88

2 情報を活用し，自ら情報を創造する〈読者〉に育てるために ……… 94

● 授業デザイン

3 【2年「ビーバーの大工事」】
　辞典の活用でイメージを広げ，論理的に読む〈読者〉に育てる ……… 100
　この授業のポイント ……… 105

4 【4年「ヤドカリとイソギンチャク」】
　共生関係の言葉を捉え直す ……… 106
　この授業のポイント ……… 111

5 【6年「『鳥獣戯画』を読む」】
　筆者の「読者を惹きつける書きぶり」を手に入れる ……… 112
　この授業のポイント ……… 117

● 授業実践

6 【1年「いろいろなふね」】
　「ことばえじてん」と「図鑑」を活用する ……… 118
　この授業のポイント ……… 125

7 【3年「人をつつむ形」】
　挿絵や写真，図書資料を活用し，関連づける ……… 126
　この授業のポイント ……… 133

8 【5年「和の文化を受けつぐ」】
　「シナリオ化」で教材を読解する ……… 134
　この授業のポイント ……… 141

あとがき　　142
執筆者一覧　143

序　章

総　論
〈読者〉に育てる授業デザイン

● 総　論 ●

〈読者〉に育てる授業デザイン

❶ 「〈読者〉に育てる」とは

　学びにおいて，学習者が主体的に問題を提起し自ら解決していく態勢が望まれる。国語科の「読むこと」を中心にした学びにおいても同様である。
　現行教育課程の眼目を，
　　○思考力・判断力・表現力等の育成
　　○自分の考えの形成及び交流
　　○目的に応じた読書の実践
の３項に見定め，上記の態勢の実現をはかる。国語科の「読むこと」においては，学びの対象である文章・作品をめぐって，眼目を具体化し，態勢の実現をはかることになる。
　言い換えれば，各学年の各文章・作品ごとに，思考力・判断力・表現力等をはたらかせ，関連読書活動とともに問題解決を繰り返す中で，自分の考えの形成及び交流を進め，その螺旋的向上をはかるということである。
　文章・作品に対して，関連読書活動とともに，自分の考えの形成及び交流を実践できるようになることが，すなわち，学習者から〈読者〉になることである。指導者の側からすれば，６年間をかけて，そのように支援することが，学習者を「〈読者〉に育てる」ことなのである。
　ここで，学習者と〈読者〉を対比させているのは，国語科教育の実践の歴史の中で，多くの場合，学習者はいつの間にか教材のうちに閉じこもって（閉じこめられて）しまい，教材，教科書，学校から離陸し，ふたたび教材に着地する〈読者〉には転身できなかったという認識からである。

❷ 〈読者〉になる要件

①現象・事象に関して、問題を見出すこと。国語科の場合、事象の中に、「言語（表現）」（通常は教科書教材としての文章・作品）を含める。
②問題の答えを見出すこと。国語科では辞典類（とりわけ国語辞典，漢字辞典，図鑑，デジタル教材，インターネット，新聞等）の活用が重要である。
③答えを探索する過程で新たな「言語（表現）」（教科書教材と関連する文章・作品）に問題を見出すこと。
④この学びを、ある区切りまで追究すること。読書活動による展開。
⑤①〜④のプロセスで考えつつあることを仲間と分かち合うこと。この間、教科書教材からの離陸と、教科書教材への着地を繰り返す。
⑥その時点での自分の考えをまとめ、残された問題を問題として保有すること。

この「〈読者〉になる要件」の実践を、教室で展開される国語科単元の授業過程が支援し、保障するようでありたい。

❸ 単元の授業過程の目安

読みの段階

教科書教材としての文章・作品を　A　ざっと読む段階（第一次段階），B　たんねんに読む段階（第二次段階），C　ABを生かして教科書教材と関連する文章・作品とともに、ゆたかに読む段階（第三次段階）に分節して、主体的な学びの態勢づくり、〈読者〉への道を考える。

　第一次段階（国語科の基礎力）
　　○教材をめぐる興味・関心の掘り起こし
　　○教材の自分流読書（確かめ読み・論理読み、イメージ読み・あらすじ読み）

第二次段階（国語科の思考力）
　○教材の内容・表現についての論理読みの補強，イメージ読みの補強
　○教材の内容・表現についての関係把握的読解方法，演出的読解方法による創造読み
　　→読みについて仲間との分かち合い
第三次段階（国語科の実践力）
　○教材の内容・表現に関連する比べ読み・発展読み
　　→教科書教材の学習を孤立させないための関連づけ

読みの対象（領域）

　読みの対象を，大きく文学的文章（文学教材），説明的文章（説明文教材）の二領域とする。その二領域のそれぞれどのような内容・表現について自分の考えを形成し，交流するのか。これまで，次のような事項を考えてきた。上段が主として関係把握を目ざす読解活動，下段が主として批評を目指す読書活動という位置づけである。

文学的文章
　○その叙述について／その構成について／その主題について
　○その人物・事件について／その虚構の方法について／その意図・精神について

説明的文章
　○その論述について／その構成について／その要旨について
　○その知識・情報について／その実証の方法について／その発想・思想について

　上記の「読みの段階」における「イメージ読み・あらすじ読み，演出的読解方法による創造読み」は文学的文章の読みに対応し，「確かめ読み・論理読み，関係把握的読解方法による創造読み」は説明的文章の読みに対応する。

❹ 〈読者〉になるためのサプリメント

　❶に述べた目標，❷に述べた要件，❸に述べた授業過程の目安を実践に移していくために，先行実践から参考になる事例を取り上げて考察する。

『代沢っ子　物語の読み方ブック』『まとめ方カタログ』

　研究推進校などでは，小学校6年間を見通して，学習指導要領の「内容」をベースに，「A　読むことの系統表」や，各学年の教科書教材に応じた「B　読み取りのスキルと言語活動例」などの年間指導計画が作成される。東京都世田谷区立代沢小学校の場合，それらの他に，「C　『代沢っ子　物語の読み方ブック』」「D　『まとめ方カタログ』」を作成している。
　CとDは，あわせて1冊の小冊子となっている。いま参考までにCの事項を取り出すと，次の11項目である。項目ごとに，簡単な手引きが添えてある。
　①「いつ」「どこで」を見つけよう　／　②登場人物を見つけよう
　③主人公は，だれ？　　　　　　　／　④人物像を読もう
　⑤物語の語り手はだれ？　　　　　／　⑥場面を分けよう
　⑦起承転結を見つけよう　　　　　／　⑧クライマックスを見つけよう
　⑨あらすじをまとめよう　　　　　／　⑩物語の「なぜ」を解決しよう
　⑪作品の心（主題）を見つけよう
　こうした文学的文章の読み（学び）の手立ては，研究推進校に限らず，当該学年，当該学級ごとに選定し，共有したいものである。こうした読みの手立ての考案は，当該学年を考慮しつつ，❸の「読みの対象（領域）」にふみこめば容易に導くことができる。たとえば，「その人物・事件について」が②③④の人物関係の読み，「事件」「構成」が⑥⑦⑧の場面展開の読みを導くように。
　Dの『まとめ方カタログ』には，19項目の例示がある。ここでは「〈読者〉に育てる」視点から，19番目の「書評」に注目したい。この項は，2ページ

にわたっており，その中に掲げてある「書評の中で紹介・評価すること」（8項目）を実践できるようになれば，〈読者〉としての１つの達成と見ることができる。「自分の考え」を含まない書評はありえないからである。8項目は，次のとおりである。

　①あらすじ　／　②登場人物の紹介　描写　／　③心に残る名セリフ，名文　／　④クライマックスの場面　／　⑤主題・テーマ・伝わってくるメッセージ　／　⑥言葉の使い方，文章の表現の工夫，構成　／　⑦作者紹介　／　⑧本を評価する言葉

　小学校の修了時には，この8項目を自在に選んで記述する，あるいは，別の項目を加えて記述することのできる〈読者〉像を目指していく。

「せつめいマスター　十のすごワザ」

　「物語の読み方ブック」があれば，おのずから「説明文の読み方ブック」があってよい。説明的文章の読み（学び）の手立ても，当該学年を考慮しつつ，❸の「読みの対象（領域）」にふみこめば，「読み方ブック」の項目を導くことができる。

　ここでは，「説明」の理解と表現の相関に着眼した手立て，「せつめいマスター　十のすごワザ」に学んでみよう。低学年用に考案されたものであり，引用に際し表記を改めた[1]。

　①テーマ　／　②目的　／　③方法　／　④柱　／　⑤順序　／　⑥言葉　／　⑦理由　／　⑧例　／　⑨違い　／　⑩絵・図

それぞれの項目に，「具体的な指導内容」のメモがある。③④⑥を抜粋する。

　③方法→箇条書き，長文，質問と答え，はじめ・中・おわり（型，筆者を意識，比較）

　④柱　→主語と述語，時と場所，「いつ」「どこで」「だれが」「どうした」（スピーチ，五つのWゲーム）

　⑥言葉→「～のような」「～くらいの」「センチメートル」，五感（型，生活科の観察）

「十のすごワザ」とその「具体的な指導内容」に，学習指導上の手立ての演繹と帰納のさまを見て取ることができる。

❹に見た手立ては，授業での学習活動を下支えするものであると同時に，〈読者〉になるためのいわばサプリメントの役割をするものである。消化して，身体化を目指さなくてはならない。

❺ 〈読者〉意識の教材研究

〈読者〉が読む文学教材─「お手紙」の場合─

❷に「〈読者〉になる要件」を述べた。その①に「言語（表現）」に関して問題を見出すことをあげている。②には，その問題の答えを見出すためには，国語科では辞典類（とりわけ国語辞典，漢字辞典，図鑑，デジタル教材，インターネット，新聞等）の活用が重要であるとしている。

さて，「お手紙」（学校図書，三省堂，東京書籍，光村図書，いずれも第2学年教材）という「言語（表現）」を例にして，この物語と出合うことで想定される読みの問答を，〈読者〉として追ってみる。授業では，これらのうちから，低学年での学びの可能な問答が選択される。

(1) **「手紙」「ゆうびんうけ」「ふうとう」とは何か。「ゆうびん」のしくみはどうなっているか。作品では，「ゆうびん」のしくみのうち，何を取り上げているか。**
　　経験にもとづく話し合い，図鑑などによる調べをおこなう。

(2) **登場人物はだれとだれか。→がまくん，かえるくん，かたつむりくん。**
　○中心人物はだれか。
　○それぞれどんな人柄だと想定されるか。
　○それぞれは，「ゆうびん」のしくみの何を担当しているか。
　○がまくんの家とかえるくんの家との距離はどのくらいか。→ふだんは手

紙など必要としない距離，かたつむりくんには４日かかる距離。

(3) 登場人物の言動と気持ちの変化はどうなっているか。
　　通読の際に，初めの「がまくんとかえるくんのかなしい気分」が，終わりには「二人とも，とてもしあわせな気もち」になっていることを，挿し絵なども参考にして把握する。次に，なぜそうなったのかを，登場人物の主な言動を追って，全体構成表にまとめる。

ア 「かなしい気分」
　　　↓　①「気もち」とどう違うか。　②挿し絵の目の表情と腕の位置
イ 打開策としてのかえるくんの仕掛け（サプライズ効果の期待）
　　　↓
ウ かえるくんの励ましとがまくんの否定
　　　↓　③〈「ぼく，もうまっているの，あきあきしたよ。」〉
　　　↓　④〈「ぼくにお手紙をくれる人なんて，いるとは思えないよ。」〉
エ 〈かたつむりくんは，まだ　やってきません。〉の繰り返し（3回）
　　　↓
オ かえるくんの仕掛けの告白（サプライズ効果の減退）
　　　↓　⑤〈「きみが？」〉
カ お手紙の内容の伝達
　　　↓　⑥親愛／親友／うれしい
キ 「とてもしあわせな気もち」
　　　↓　⑦挿し絵の目の表情と腕の位置
ク 待つことの楽しみとかたつむりくんへの全面的信頼
　　　↓　⑧〈長いことまっていました。〉〈四日たって，〉
ケ かたつむりくんの到着とお手紙をもらったがまくんのよろこび
　　　　　⑨かたつむりくんの誠実な努力（表に出ていない功労者）

(4) では，なぜアの「かなしい気分」からキの「とてもしあわせな気もち」になったのか。

　それは，かたつむりくんに頼んだ結果何が起こったかという問いと連動する。

　かえるくんは，全体構成表イの自分が仕掛けた自信から，がまくんを励ましいろいろ誘いかけるが，がまくんはウのように否定的（③まつのはあきあきした，④ぼくにお手紙をくれる人なんていない）である。そのつど，エの〈かたつむりくんは，まだ　やってきません。〉が繰り返される。これが，オのかえるくんの告白を誘発する。さらに，問われて，カのお手紙の内容を明かしてしまう。その結果，がまくんの否定的な態度は変わる（④くれる人なんていない→⑤「きみが？」／③まつのはあきあきした→〔とてもしあわせな気もちで〕まつ）とともに，お手紙の内容に感動する。かえるくんはかえるくんで，自分の友情によるはたらきかけに，がまくんが全面的に応じてくれたことでしあわせを感じているのである。

(5) さて，この物語の構成と時間はどうなっているだろうか。

　全体構成表でいえば，(4)で取り上げたアからキまでが，ある１日のことであり，クとケの数行分はその日を含めた４日ということになる。〈読者〉は，物語の時間の伸び縮みに柔軟に対応する必要がある。

　物語の大事なことはキまでに終わっているとして，クとケを省くと何が困るかを検討してみる。端的には，お手紙の現物とかたつむりくんのことが見えなくなってしまうのである。

(6) 物語のかげで活躍しているのはだれか。

　物語を劇的に捉えて，登場人物を主役，脇役，端役というふうに見立て，脇役，端役の言動から物語の本質をひき出そうとする読みの主張がある[2]。「お手紙」では，かたつむりくんの物語中での文字通りの役割演技を観ようというものである。

実践例の１つに，「かたつむりくんに手紙をとどけてもらったのは，よかったのだろうか。」といった発問[3]がある。授業では，比較による思考として「かえるくん自身」や「とんぼくん」が引き合いに出される。それらの場合，置き換えてみればわかることだが，「待つ・待たないの葛藤部分」「待つことの苦しみ悲しみから，待つことの楽しみ喜びへの転換部分」が不要となり，作品として体をなさなくなる。

(7)　あなたは，この物語の進行中，かたつむりくんのことを思い浮かべるか。思い浮かべるとすればそれはどんな様子か。
　かたつむりくんについて，第二次段階の「演出的読解方法による創造読み」の例をあげてみよう。全体構成表のエに〈かたつむりくんは，まだやってきません。〉（見せ消ち手法―中冽）の繰り返しがある。物語をアニメーション化する場合などでは，そのつどか，３度目の後にか，かたつむりくんの奮闘しているさまが映し出されるはずである。「奮闘」と言ったのは，４日間という日程と，お手紙の配達を引き受けたときのかたつむりくんの言動，がまくんにお手紙をわたしたときの表情からの推測である。
　この物語で，かえるくんがかたつむりくんに手紙を託したのは，「うっかり」と捉えるむきもあるが，普通は急ぎの用事など誰からも頼まれることのないかたつむりくんに，その着実さ，粘り強さを見込んであえて頼んだとするとどうだろう。かたつむりくんは意気に感じて〈「まかせてくれよ。」「すぐやるぜ。」〉と言っている。単なる景気づけではあるまい。
　かたつむりの慎重さは，唱歌の「かたつむり」（文部省）からも窺うことができる。また，かたつむりの着実さは，唱歌の「うさぎとかめ」（石原和三郎）の「かめ」に擬することができる。
　まど・みちおには「デンデンムシ」（「まめつぶうた」に所収）の詩がある。かたつむりが雨戸を横断しているのだが，〈フルスピードで　のろのろと〉という文言につづいて，〈いま　きみの中で／きみの社会と理科と／算数と図工と体育たちが／どんなに目まぐるしく／立働いていることだ

ろう〉[4]と,その奮闘ぶりを讃え,思いやる表現がある。
　わたしたちの歩行には,普通の歩き,早足,駆け足,全力疾走などがある。頼まれたかたつむりくんにしてみれば,どの段階を選んだであろうか。〈四日たって〉とあるが,普通の歩きならもっとかかったかもしれないのである。そう考え,その行程を想像すると,かたつむりくんの献身的な努力と達成感,成就感を容易に窺うことができる。
　❷の「〈読者〉になる要件」の⑤に述べているように,上記のような教科書教材からの離陸と,教科書教材への着地を繰り返すとき,がまくん,かえるくんの「しあわせ」にかたつむりくんのそれを加え,三者それぞれの「しあわせ感」を想定する読みが出現する。

(8)　アーノルド・ローベルの作品には,他にどんなものがあるか。
　　第三次段階の読みのために,教科書教材の手引きには,シリーズものを紹介していることが多い。中には具体的に〈かえるくんのふくにボタンがたくさんついているのはなぜでしょう?〉(学校図書,二年下)と発見の読みに誘い込むものもある。

【〈読者〉が読む説明文教材】
　説明文教材については,❸で示した第三次段階の「比べ読み・発展読み」の試案を例示する。

(1)　「すがたをかえる大豆」(国分牧衛,光村図書,三下)を,植物の種(たね)を扱ったものとして「単元『生命のリレー』」に位置づけて扱うことを論じてきた[5]。そこでは,食育などとも関連する総合的な扱いになるが,もちろん第一次段階,第二次段階の説明文教材の読みはある。
　　文章内容は,大豆がいろいろな工夫によって食事に取り入れられていることを解説したものである。工夫は五つにまとめられる。
　ア　柔らかくおいしくする工夫(→煎り豆,煮豆)

イ　粉にひいて食べる工夫（→黄な粉）
ウ　大豆に含まれる大切な栄養だけを取り出して，違う食品にする工夫（→豆腐）
エ　目に見えない小さな生き物（微生物）の力を借りて，違う食品にする工夫（→納豆，味噌や醤油）
オ　取り入れる時期や育て方を変えて，食べやすくする工夫（→枝豆，もやし）

　この説明文の読みで取り上げられる問題の1つは，**ア〜オはなぜこの順序に説明されているのか，それは妥当なのか**である。いま1つは，表題に「すがたをかえる」とあるが，ア〜オの例の中ではすがたの変わっていないものもあるのではないか，**表題はそれでよいか**である。こうした「表現」面の問題の他に，「内容」面の問題としては，**ア〜オの他にどんな工夫があるか，加工方法は日本独自のものか**などである。さらに，**すがたを変えるものは他に何があるか**という追究になる。

　これらをめぐって，インターネット検索による情報が大豆について別の加工食品や順序を提示することで「〈読者〉の考え」をゆさぶる。辞典による「すがた」「かたち」「かわる」「大豆」のあらためての意味調べが「〈読者〉の考え」を動かす。

(2)　「すがたを変えるものは他に何があるか」という問題では，同じ穀物類の米や麦があがるのが順当なところであろう。第三次段階では，米の加工食品について調べ，「すがたをかえる大豆」の発想（観点）を借りて，創意を加え，説明文を書く活動が想定される。その際，結論部の〈大豆のよいところに気づき，食事に取り入れてきた昔の人々のちえにおどろかされます。〉の「よいところ」「昔の人々のちえ」にできるかぎり具体的，実感的に迫ることを目指したい。より具体的，実感的にするために，教材「すがたをかえる大豆」に前後して，豆や米に関する副教材を用意することも考えられる。

○「まめ」（学校図書，一ねん下）
○「米と麦」（吉田久，三省堂，三年）
○「米と小麦～比べて読もう～」（『ことばひろがる　よみときブック』6年生用，神戸市教育委員会，2007）

　これらは手近な例であるが，話題の豆や米・麦がどのようにして食物のかたちになるのか，米と麦ではどう違うのかについて述べている。食物としての素材を取り出す「昔の人々のちえ」と，加工食品にする「昔の人々のちえ」が重なる。
　〈読者〉になると，〈米や大豆などすべて町内産の材料を使用し，無添加で仕上げている〉という京都府宇治田原町郷之口の「愛あいみそ」の新聞記事[6]にも目がとまるようになる。

(3)　「アップとルーズで伝える」（中谷日出，光村図書，四下）と「テレビとの付き合い方」（佐藤二雄，東京書籍，五）とを重ねて読めば，思考を深めることができる。
　まずは，「アップとルーズで伝える」である。『広辞苑』（EX-word）によれば，〈アップ〉は「クローズアップ」の略であり，〈ルーズ〉は「ルーズ－ショット」（和製語）の略，ロング－ショットよりは被写体が大きいとある。
　テレビ画面などの遠近法のことであり，アップとルーズで，それぞれ伝えられることと伝えられないことがあるという話である。それで，〈テレビでは，ふつう，何台ものカメラを用意していろいろなうつし方をし，目的におうじてアップとルーズを切りかえながら放送をして〉いるというのである。〈目的におうじて〉については，〈受け手が知りたいことは何か，送り手が伝えたいことは何かを考えて〉と解説される。
　次に，「テレビとの付き合い方」である。アップとルーズで伝えることについて，一応納得しているところに，〈テレビの送り手が集め，選び，編集してとどける情報の数々は，実際の出来事にふくまれるぼうだいな量

の情報のほんの一部です。テレビの送り手は、さまざまな出来事の中から、だれにでも受け入れてもらえそうな、そのごく一部をカメラで切り取っていくだけです。〉という懐疑的な論脈に出合う。ここには、アップとルーズの問題を超えた情報の質量と操作の問題が提起されている。

(4) 「アップとルーズで伝える」(中谷日出, 光村図書, 四下) の遠近法を「演出的読解方法」に活用することができる。たとえば、「ごんぎつね」をイメージ読みするときの遠近法である。
　A 〈ふと見ると, 川の中に人がいて, 何かやっています。〉―ルーズ画面
　　〈はちまきをした顔の横っちょうに, 円いはぎの葉が一まい, 大きなほくろみたいにへばり付いていました。〉―アップ画面
　B 〈墓地には, ひがん花が, 赤いきれのようにさき続いていました。〉―ルーズ画面
　　〈人々が通ったあとには, ひがん花がふみ折られていました。〉―アップ画面
　　この例では、とくにBのアップ画面をどう観るかである。〈ふみ折られ〉たことの異常をごんがどう受け止めているか。もはや〈とんがらしをむしり取って〉平気なごんとは違っている。
　　以上、「比較読み」「発展読み」の方向性、可能性のいくつかを例示した。そのねらいの1つは、せっかくの教科書教材の学びを孤立させないことにあったが、ここに至っては、積極的に教科書教材の学びを成長させるためにとしたほうがよい。

❻ 第三次段階の読みのさらなる期待

　おわりに，教室でラウンドテーブル形式の「読書会」を開き，〈読者〉としての鍛えの場にすることを提案しておきたい。「読書会」の話題には，人物追究，物語の構成と仕掛け[7]，主題追究，作者追究，題材追究[8]，風土追究[9]などが考えられる。

（中洌正堯）

（注）
1　中畑淑子「低学年の説明的文章指導でつける力について」『国語教育探究』第27号，国語教育探究の会，2014
2　長崎伸仁×桂　聖『文学の教材研究コーチング』東洋館出版社，2016
3　日野朋子「『お手紙』の授業　第6時の主発問」大阪教育大学附属天王寺小学校研究発表会，2016.2.20
4　『まど・みちお全詩集』理論社，1992
5　中洌正堯「単元『生命のリレー』の試み」『国語教育探究』第25号，国語教育探究の会，2012
6　『京都新聞』2008.9.11
7　中洌正堯「読書会単元の開発」『教育フォーラム53』金子書房，2014
8　中洌正堯『ことば学びの放射線　「歳時記」「風土記」のこころ』三省堂，2007
9　中洌正堯「単元『川と生きる心』から単元『海を守る心』へ」『国語教育探究』第28号，国語教育探究の会，2015

第1章

文学教材編
辞典類を活用した
読むことの授業づくり

● 授業づくりのポイント ●

1 辞典類を活用させたい表現（語句）の取り扱い
―文学的な文章の学習指導―

❶ はじめに

　文学的な文章における「学習指導の基本」として、大きく次のように課題を設定することができる。
　・作品の中で、どんな人物が登場し、どのような事件を通して、どう変容したのか。
　・その人物の変容の過程で、読者が生き生きとイメージできるように、作者はどのように描き出しているのか。
　本稿では、文学的な文章の表現（語句）の取り扱いを検討するので、前者の「人物」課題を中心とし、考察の際に、後者の「表現・イメージ」課題を重ねていくことにする。本稿ではまた、「人物」課題を、「どんな人物か」「どのような事件を通して、どう変容したのか」に分節して考察する。どちらも学習指導で取り上げたい表現（語句）を抽出し、取り扱いのデザインを提示する。

❷ 「どんな人物か」
―登場人物（動物等も含む）の相関関係―

　登場人物の作中の役割については、必要に応じて、辞典などにより、きちんと捉えさせたい（取り上げる教材文はすべて東京書籍による）。
　「大造じいさんとガン」（5年）の大造じいさんは【かりゅうど】[1]であり、〈鳥やけものをとらえることを仕事にする人〉[2]である。それを押さえておかないと、子どもによっては、大造じいさんがガンを捕らえるひどい人と勘違いすることもある。職業として狩りをすることを確かめる必要がある。

一方,【ガン】は〈秋の終わりごろ,北から日本に冬鳥としてわたって来て,春に帰る水鳥。カモよりも少し大きく,空を一列に並んで飛ぶ〉の他,[古くから食用にし,美味のたとえとされた][3]などの情報もある。そして,【はやぶさ】は,〈トビぐらいの大きさの,タカの仲間の鳥。つばさが長く,飛ぶのが速い。小鳥などをとって食べる〉のであり,《中形の鳥。性質が勇ましく,速く飛ぶことで有名》[4]などとも書かれている。

　次に,「海の命」(6年)の【くえ】についても,[全長1メートル以上に達する。洗いや刺身にして美味]《高級食材として扱われ》[5]などの情報が得られる。これらのことは,この物語を読み深める際に知っておくと,太一の父の行為(「くえ」をしとめること)の意味解釈に影響する。また,「サーカスのライオン」(3年)の「ライオン」は,〈アフリカなどの草原にすむ,けもの。……「百獣の王」といわれる〉の「百獣の王」に触れてそのたくましさを捉えておくことは,作中のじんざの現状との対比において大切である。

　さらに,「かさこじぞう」(2年)の【じぞう】は〈世の中の苦しんでいる人を救い守るといわれる。道ばたなどにたててある,石のお地蔵さんは,子どもにも親しまれている〉ことについても伝えたい。低学年では辞書の使い方をまだ知らない場合,指導者が提示する。なお,「じぞう」は「六じぞう」として4年生の「ごんぎつね」でも登場する。

　このような情報は,国語科の学習で案外,軽視されることもあるようだが,子どもにとっては読解に役立つものである。人物の仕事や身分,動物の体形や生態など作品にとって捉えておく方がいいものについては,辞典の他,事典,図鑑,ネット情報などで適切に取り扱いたい。

❸ 「どのような事件を通して,どう変容したのか」
―変容の理由と過程―

　ここでもまずは,「大造じいさんとガン」を例に挙げる。
　大造じいさんの残雪に対する心情の変化を捉えるために,変容前と変容後の比較において,以下のような2種類の取り上げ方が考えられる。

A 「いまいましく思っていた」⇒終末の場面で「英雄」とほめたたえる
B 「たかが鳥のことだ」⇒「ただの鳥に対しているような気がしません」
次に表示しているのは、大造じいさんの変容を図式化したものである。

```
1場面  今年も      「いまいましく思っていました」
2場面  うなぎつりばり作戦①　一羽とらえる
                 「たかが鳥のことだ」
3場面  うなぎつりばり作戦②
                 「思わず、感たんの声をもらしてしまいました」
4場面  その翌年も  小屋作戦①「会心のえみをもらしました」
5場面            小屋作戦②「またしても、残雪のために、してやられ
                            てしまいました。……うなってしまいま
                            した」
6場面  今年もまた  おとり作戦①
7場面            おとり作戦②「ひとあわふかせてやるぞ」
       事件１　いきなりはやぶさにぶつかる残雪⇒じゅうをおろす
              （救わねばならぬ、仲間のすがたがあるだけ）
       事件２　第二のおそろしい敵をにらみつける残雪⇒手をのばす
       「いかにも頭領らしい、堂々たる態度」
       「最期のときを感じて、せめて、頭領としてのいげんをきずつけまい
       と努力しているよう」
       「強く心を打たれて、ただの鳥に対しているような気がしません」
8場面  春になると
       「…がんの英ゆうよ。おまえみたいなえらぶつを、おれは、ひきょうなや
       り方でやっつけたかあないぞ。…また、堂々と戦おうじゃないか」
```

　まず、「Ａ」の取り上げ方である。大造じいさんは残雪のことをいまいま
しく思っていた。この【いまいましい】は、小学生用では、〈しゃくにさわる〉

であるが，他の辞典では，《自分に手ひどい打撃を与えた人・物事や取り返しのつかない自分の失敗を思い出しては，相手（自分）を恨みたく思う気持ちだ》となっており，内容に差がある。狩人としての大造じいさんがプライドを傷つけられていると考えると残雪を相当恨んでいると言えるだろう。後者を採用したいところである。しかしそれを指導者主導ではなく，子どもとの話し合いで導きたい。その大造じいさんは，事件2のときに，残雪が「最期の時を感じて」努力している姿を見て心打たれた。その【最期】は「最後」ではない。第二の敵に対する〈死ぬまぎわ。死にぎわ〉であり，死を覚悟しながらも大造じいさんに立ち向かったのである。そして翌春，大造じいさんは，「英雄よ」と声をかける。【英雄】とは，〈知恵や力が人よりすぐれていて，人々から尊敬される人。ヒーロー〉でその意味から最高のほめ言葉である。「いまいましく思っていた」ガンの頭領である残雪を，最後に「英雄」と崇めたのである。大造じいさんの変容の大きさをぜひ捉えさせたい。

　その変容までの「表現」を少し細かく押さえてみると，次のようになる。残雪は，大造じいさんの「おり」の中で一冬を越す。「鳥小屋」で飼育されたのではなく，「おり」の中に監禁されて治療を受けたのである。「おり」の意味を辞典で確かめるとよい。春になって，傷も治り，体力も回復する。その回復力も，さすがにガンの頭領である。その裏には，大造じいさんの手厚い養護がある。しかし，この一冬の間，大造じいさんはあくまでも戦う相手であって，残雪が妥協するところは一切なかったと思われる。

　いよいよ開放の時が来る。おりのふたをいっぱいに開けてやると，残雪は「あの長い首」をかたむける。「あの」とは，はやぶさとの戦いの後，大造じいさんが近寄ったとき，「長い首を持ち上げ……じいさんを正面からにらみつけた」ことを指している。「あの」ときのイメージの再現である。

　ためらうことなく「快い羽音一番」「一直線に」飛び上がるさまに，プライドの保持を貫く潔さがある。

　「英雄」という賛辞は，大造じいさんが，残雪のこの一連の態度や行動から受けたこと（感動）を焦点化した言葉だと思われる。

次に,「B」の取り上げ方である。「たかが鳥」と「ただの鳥ではない」においては,【たかが】は〈せいぜい。わずか〉と《どんなに高く評価してもその程度は知れたものだと軽視する様子》である。「うなぎつりばり作戦①」で一羽を捕えることができた大造じいさんにとっては２つ目の意味がぴったりだが,小学生用ではないので指導者が言葉を添えて子どもに捉えさせたい。
　このように変容したのは２つの事件がもとになっている。特に,事件２の後が大きな変容の境目になるが,その以前から残雪に対する見方が少しずつ変わってきたようにも捉えられる。はじめの「うなぎつりばり作戦②」の失敗による【感嘆】とは,〈感心して,ほめること〉であり,「『ううむ』と思わず声をもらしてしまった」のである。【しまう】は〈そうなってほしくないのに,そうなる〉ということで,ここではほめようと思ってほめたのではなく,無意識にほめたことからもわかる。さらに,「小屋作戦②」の後でも,「うなってしまう」しかなくなるのである。
　ここで,終末にあった「ひきょうなやり方」について考えたい。【ひきょう】とは,〈ずるくて心がきたないようす〉である。発問として「大造じいさんの言う『ひきょうなやり方』とはどんなやり方のことだろうか」が考えられる。それを言い換えると,「今まで大造じいさんがやってきた計略は正々堂々としていたのだろうか」ということになる。考えようによっては,今までの作戦がすべてひきょうなやり方と捉えられる。それについては,先にも述べたように,大造じいさんは狩人であり,仕事として様々な計略を実行しており,決して「ひきょうなやり方」とは言えない。それは,「おれたちは,また堂々と戦おうじゃないか」と述べているからである。すなわち,この作品では,【ひきょう】とは,はやぶさと戦っている最中に撃つ,あるいは傷ついた残雪を捕まえるような〈ずるくて心がきたないようす〉なのであり,これを「ひきょうなやり方」と言っているのである。そのことが大造じいさんの心を電撃的に襲ったと思われるところがある。「何と思ったか」がそれである。
　「サーカスのライオン」では,じんざが,年老いて一日中眠っている状況で,

「元気がなかった」とおじさんに言われて，「わしはおいぼれたよ」と自覚の言葉を発する。そのうえ，男の子からも「何だかしょげていた。お見舞いに来た」と言われるぐらいであった。そのじんざが，男の子のライオンに対する想いや優しさに触れ，彼のために力を込めて火の輪をくぐる決心をする。その矢先，彼の家が火事であることを知り，大きく変容する（夢の中の自分に返る）話である。おいぼれていたじんざが怪我にもめげず，機敏に動く表現が後半随所に出てくる。「足を引きずり」ながら，「身ぶるいし」ながらも，「ぶちこわす」「まっしぐら」「すばやく」「力のかぎり」などの表現や「すすけた色」が「ぴかぴかに」「金色に光る」ようになった表現である。これらの下線の言葉を辞典で確かめながら，じんざの機敏に力強く動く様子と輝く姿を以前と比較しながら子どもたちに捉えさせたい。なお，「サーカスのライオン」では，「とびこむ」「かけ上がる」のような複合動詞が数多くある。じんざの変容を捉えるために，これらの語句にも着目させ辞典で確かめさせたい。

❹ おわりに

　辞典類を用いるとき，様々な意味の中から最もふさわしいものを採用することは当然である。文学的な文章において，特に子ども用の辞典だけに頼ると，人物の心情やその変容が十分には表しきれない場合もある。その際は，指導者とともに吟味する学びも必要となる。

　辞典類を活用することで作品を生き生きとイメージできるようになり，作品に主体的に向かう子どもが徐々に育つものと考える。　　　　　（田窪　豊）

（注）
1　【　】は，国語辞典で調べる語句を示している。以下同様。
2　〈　〉は『例解小学国語辞典』（第六版，三省堂，2015.1.10）で調べた意味。以下同様。
3　［　］は『スーパー大辞林　3.0』（三省堂，2008）で調べた意味。以下同様。
4　《　》は『新明解国語辞典』（第七版，三省堂，2012.1.10）で調べた意味。以下同様。
5　〘　〙はネット情報「Wikipedia」（2016.5.10）

● 授業づくりのポイント ●

2　自ら探究する読み手を育てる

❶ 自ら探究する読み手を育てる方策とは

　文学作品において，的確に読む，正確に読むことの指導として「叙述に即して読む」「言葉にこだわって読む」等が試みられることが多い。このような指導の際に，子ども自らが課題意識を持ち疑問を解決するために「叙述に即して読もうとしているか」「言葉にこだわって読もうとしているか」が重要である。日常生活では読書をしない，読書ができない子どもも多い。物語の構造に着目したり，言葉の持つ意義やイメージを大切にしたりすることが物語の世界を広く深くする。しかし，このような作業ではとかくに教師が授業で過剰に発問したり指示したりすることになりがちである。結果として，教師が介在しないと読もうとしない，能動的に読書の世界に入らない子どもを育成してしまう側面がある。

　学習者を〈読者〉に育てるためには，自ら課題を見つけ，それを解決するために調べ，解決したことを他に広げることを継続的に行う必要がある。その１つの方策が，辞典類を活用した指導である。

　教科書において辞書の指導は第３学年に始まる。辞書の役割や配列のきまりを指導することから，次第に辞書の使用に慣れ習慣化することを目指す。辞書の活用に関する指導も段階がある。

　①辞書で調べる語句を教師が提示する段階
　②辞書で調べる語句に教師が気づかせる段階
　③辞書で調べる語句に子どもが気づく段階
　④課題の追究や意見の構築のために必要な言葉を子ども自ら調べる段階

①の辞書で調べる語句を教師が提示する段階は，国語辞書活用の入門期である。「○○を調べましょう」と教師が指示するこの時期の目標は，主として辞書引きの速さや正確さの向上をねらいとしている。

　②は①よりやや進めて，着目したい語句を教師が気づかせる（誘導する）段階である。「主人公はどのような態度だったのかな。それがわかる言葉を説明してみよう」などと発問をかけ，大切な語句に意識を向けさせるのである。

　このような段階を経て，子どもが自ら語句を選択し，辞書を活用するようになる。③の辞書で調べる語句に子どもが気づく段階では，調べる語句の大部分は難語句と言えるものである。新出漢字が含まれている語句，専門的な用語，生活の中に馴染みがない語句などが取り上げられる。

　最終段階の④における課題の追究や意見の構築のために必要な言葉を子ども自ら調べる段階では，時に普段よく使用している語句や「意味を知っているつもり」の語句が取り上げられる。それは，課題を解決するための根拠をあげたり，友達に説明をしたりする際によりわかりやすく，正確に伝える必要がある言葉であるからである。

　辞書の活用では，最終段階の④の力を身につけるようにしたい。課題の追究や意見の構築のために必要な言葉を子ども自らが調べることができるようになれば，より深く作品世界に入ることができ，また意見交流も根拠を伴った充実したものになる。

　例えば「大造じいさんとガン」に次のような実践がある。場面の様子や風景の描写を読み取り，人物の心情を考え，その心情が表れるように朗読することが単元の目標であった。児童は会話文や心情描写を中心に，大造じいさんの心情を考え，朗読を行っていた。

　大造じいさんが餌場に小屋を作り，猟銃で狙いを定めているときに，残雪が異変を察知しガンの群れを小屋から遠ざける場面がある。子どもたちはグループで「もう少しで，たまのとどくきょりに入ってくるというところで，またしても，残雪のために，してやられました。大造じいさんは，広いぬま

地の向こうをじっと見つめたまま,『ううん』とうなってしまいました」の箇所をどのように朗読するかという話し合いを行っていた。ある子どもは「ううん」は腹が立っているので, イライラした感じで読むのが良いと言い, もう一人は, 大造じいさんがうまくいかないで困っているように読むのが良いと意見を述べていた。意見の広がりや深まりがない膠着した状態になったので, 指導者が「前の場面で（たにしをつりばりに付ける作戦）で, 残雪が大造じいさんの罠を見やぶり, つりばりをぴいんと引き伸ばしたところがあったね。その時,『ううむ！』大造じいさんは, 思わず, 感たんの声をもらしてしまいました。とありますが,『ううむ！』と『ううん』は同じような心情かな」と問いかけた。「『ううむ！』はやったな！という感じで, 元気があるけれど,『ううん』は失敗が続いているから, 元気のない感じ」という意見を述べる子どもがいた。「どうしてそう思うの」と指導者が尋ねた。すると, ある子どもが辞書で「感たん」を引き,「感心してほめたたえること」とあるので,『ううむ！』の方が, 感心したように大きな声で朗読するのが良い思う」と述べた。すると, 別の子どもが大発見をしたかのように手を挙げた。「『うなる』を調べてみました。『うなる』は感嘆のあまり思わず長く低い声を出すこととあるので,『ううん』もやっぱり感心してるんだと思います。だから, 腹が立ってイライラしているだけではなくて, 残雪の頭の良さに感動した『ううん』という読み方が良いと思います」と発言した。子どもたちは, 普段何気なく使っている「うなる」という言葉に, そのような意味があるとは思わず, 辞書を使うこともなかったのであるが, この子どもの発言により,「言葉にこだわることの良さ」や「自分の意見を補強するために辞書を活用することの良さ」を体感した。

　この実践のように, 学習者が自在に辞書を扱うことを目指した辞書の基本指導を行うべきである。教師が提示した言葉の意味を調べたり, 宿題として「わからない言葉」の意味を調べてノートに書き出したりするだけでは, 早晩, 辞書活用の面白さや言葉を探究することの魅力が色あせてしまう。辞書引きのスキルが定着した後は, 辞書を活用して言葉を探究する活動を多く取り入

れていく指導の工夫が求められる。先述の学級では、その授業以降、辞書による言葉の確認回数が増え、言葉にこだわる子どもが増えている。

❷ 言葉の探究の方法と面白さを知り、読書の世界へ飛び込む

　辞書引きのスキルを獲得し、その活用の魅力を知ることは、文学を味わう面白さの一端を知ったことになる。教科書教材だけではなく、関連した作品や文章を読み進めることにつなげていくのが望ましい。

　椋鳩十に「カモの友情」という作品がある。三吉が撃ったカモに仲間のカモが寄り添うという出来事が描かれている。「大造じいさんとガン」よりも構成は簡単であり、仲間の友情というテーマはよく似ている。大造じいさんと似ているところ、違うところはどこか、どちらの作品の方が自分は面白いと思ったのか、などの視点を持って読み広げる。モチーフがよく似ており、文章構成や分量も「大造じいさんとガン」よりも簡明であるので、１人で読み進めることも可能である。それが可能なのは、子どもたちが「大造じいさんとガン」で読み取ったこと（あらすじ、人物の相関、テーマ、人物の心情など）を参考にしたり、下敷きにしたりして読む、「読みの地図」を手に入れているからである。このように教科書教材よりもやや簡明な作品を選び、関連読書、あるいは並行読書することで「言葉にこだわりながら読む」「辞書などを活用しながら読む」ことができれば、子どもの文学の読みが厚みを持ってくることになる。

　ここで、「言葉にこだわりながら読む」「辞書などを活用しながら読む」という〈読者〉になるために、重要なことは教師の指導計画である。子どもが読み進めよう、読み深めようと感じるような課題が設定できているかである。「同じ作者の物語を読んで感想を書こう」と「同じ作者の物語を読んで、作品の魅力・ブックランキングを作り、討論しよう」とでは、子どもの作品に対する読みの姿勢が変わってくる。前者では、表層的な読みに終わる恐れがあるが、作品の魅力をランキングし、討論するという言語活動を設定すれば、

どのような部分が魅力なのか（構成か，人物設定か，ストーリーか，情景などの描写かなど），なぜそこが魅力だと思ったのか理由と根拠を構築しなければならない。そこに，本単元や既習の単元の教科書教材で身につけた文学作品の読みの方略が生きて働いてくる。人物の描かれ方が魅力的であると感じた子どもは，なぜ魅力的なのかについて，描写や出来事などにこだわりながら読み深めるであろう。

　秋田（2006）[1]は，「多読という時に，本の冊数や文章の活字量だけではなく，多様なジャンルの文章にふれること，多様な契機で多様な本を自ら選び出せるようになって読めること，あれもこれもではなく，読み手側があるトピックについて，ある作家について，あるシリーズで連続して読み重ねていくといった読みの内容の一貫した経験の仕方，黙読だけではなくそれを他者に読み聞かせたり紹介したりという活動の仕方のように，どのような「多」の質を子どもに経験として保証できるかも，多読を考える際に捨象してはならないことである。」と述べている。

　教師の指導計画が，画一的ではなく多面的に構成され，教科書教材に閉じるのではなく，多くの作品や文章に開く工夫がされており，また１人ではなく他者との交流があることが〈読者〉を育てる。教師の教材研究力や授業デザイン力が問われてくる。

❸ 〈読者〉を育てる授業デザイン力

　子どもに主体的な学びや交流活動を求めるのであれば，教師も主体的に教材研究を行い，自らの意見を持ちたいものである。教材研究では，当該の教科書教材だけに目を向けるのではなく，既習単元の教材，関連図書にも注意を払うことが重要である。
　①今までにどのような力を身につけてきたのか
　②本単元でどのような力を身につけるのか
　③そしてどのような力を組み合わせて作品を読み深めるのか

の判断を行う。①から③の総体が，単元目標に位置づけられる。読みの段階では，第一段階の「ざっと読む段階」で，既習の力を発揮して内容のだいたいを読むことができているかを判断する。第二段階の「たんねんに読む段階」では，教材の内容・表現について，子どもが考えたり交流したりできる課題や発問を設定する。「なぜ，〜なのか」という疑問，「自分はどのように読んだのか」という自己の読みの省察，「AとBはどのように違うのか」という比べ読み，「AもBもCにも共通すること」というように重ね読み，など多様な思考や多様な読みの形態ができるようにする。

　また，第三次段階の「ゆたかに読む段階」に向けて，関連図書や並行読書の本の選定も必要である。ウエッビングなどを行い，同じジャンルや同じ作者でなくとも，単元目標に沿うものや子どもの読みの意欲が高まるものなどに広げ，選定することも可能である。文学を中心に扱う単元であっても，図鑑的な読み物や資料，新聞記事など他のジャンルを添えることで，豊かな読みが広がる場合がある。ウエッビングができたら，それをもとに教師が「ブックトーク」をしてみるとよい。ブックトークのシナリオを考えることで，関連図書の「本当の関連性」に教師が気づき，本の魅力を知ることができる。教師が読者として「面白い」と思うことも教材研究の大切な役割である。

　また，教材を研究する中で，辞書を活用する。子どもに立ち止まらせたい語句（それは難語句という意味ではなく，豊かに読むために必要な語句）を探す。子どもが見つけられなかった際に気づかせる発問や指示または課題を考える。今では，インターネットで語句を調べれば，当該の語句だけではなく関連の事項が検索できる。それも，ウエッビングの輪を広げる大きな要素を含んでいる。多面的に調べ，自分の意見を構築する授業を行い〈読者〉に育てるために，教師も多面的に調べ，自分の意見を構築し，言葉に敏感になることが求められている。

（山下敦子）

（注）
1　秋田喜代美「読む経験の連続性を保証する授業へ」『教育科学国語教育』No.675, 明治図書, 2006.12

● 授業デザイン ●

3 事典を生かし豊かに想像を巡らせて読む
【3年「モチモチの木」】

❶ 〈読者〉に育てるための本教材のキーとなる表現

　本教材は，斎藤隆介による「創作民話」である。本文は，時代背景を想像させる言葉（「せっちん」「うしみつ」など）が用いられている。また，斎藤隆介氏が生み出した独特の言葉も表現上の特徴の１つとなっている。例えば，「組みうつ」や「ぶっさかれる」などで，この時期の学習者には，意味のわかりにくい言葉が多く使われている。

　そこで，イメージ豊かな読みを促す工夫として，国語辞典だけでは解決できない言葉を取り上げ，『「モチモチの木」言葉事典』作りという言語活動を設定する。この活動を課題に物語を読み進めていく。その際，国語辞典でそれぞれの意味を確かめる活動は欠かせない。また，必要に応じて，漢和辞典や歳時記なども活用することになる。言葉の意味を特定するためには，前後の文章を重ねて考えなければいけない。辞書などで調べただけでは，意味がよくわからない言葉について，物語を読み進める中でその意味を確かめていくようにしたい。

　また，歳時記や二十四節気について書かれた本からは，たとえば「霜月」は，冷えが厳しい頃であることを知ることができる。さらに，「しもが足にかみついた」という表現は，歳時記に調べる目を広げることで，イメージを豊かに想像することにつながる情報が得られる。

　このような学習の展開を通して，正確な言葉の意味を理解し，時には関連する語句や知識情報にも幅を広げ，自分の読みをより豊かにできる〈読者〉に育てていきたいと考える。

❷ 単元の目標

○事典作りを通して言葉の意味の理解を基に，豊かに想像しながら読み，民話を楽しむ。
○主人公の性格や心情を想像し，主人公の言動の理由を考えることができる。
○意味のわかりにくい語句について漢和辞典，国語辞典や歳時記などで調べ，理解を深めることができる。

❸ 学習指導計画（全11時間）

第一次（2時間）　全文を通読し，学習の見通しを立てる
・全文を通読し，「おくびょう豆太」と「弱虫でもやさしけりゃ」の場面で豆太は変わったのかどうかについて話し合い，問題意識をもつ。
・意味がわかりにくい語句に線を引いてそれが多いことに気づき，それらの意味などを調べる方法を話し合って，『「モチモチの木」言葉事典』作りへの見通しを立て意欲をもつ。

第二次（5時間）　『「モチモチの木」言葉事典』作りを通して，「モチモチの木」を想像豊かに読む
・国語辞典などを使い各自で意味を調べる。
・場面を班で分担し，各自で調べた結果を交流し，調べた事柄をまとめる。
・はじめから，「霜月二十日」までの各場面で，未解決の語句について，全体で調べ直したり話し合ったりして，意味やイメージを確かめ，各自プリントに書き加える。（2時間）
・「豆太は見た」「弱虫でもやさしけりゃ」の場面で，未解決の語句について，全体で調べ直したり話し合ったりして，意味やイメージを確かめ，各自プリントに書き加える。

第三次（2時間）　学習を振り返り読みのまとめをする

・できあがった事典を参照しながら読み返し，事典作りの効果についてや気づいたこと，考えたことなどを交流する。
・「おくびょう豆太」と「弱虫でもやさしけりゃ」の場面を読み比べ，豆太は変容したのかどうか話し合い，豆太の「やさしさ」が勇気を生み出したことに気づく。

❹ 授業展開のポイント

● 単元を見通し，事典作りの意欲を高める

　第一次では，まず全文を通読し，次に，「おくびょう豆太」と「弱虫でもやさしけりゃ」の2場面を読み比べる。そして，「両場面における豆太は変わったかどうか」という問題意識をもつ。それを解決していくために，内容を抵抗なく読めるよう，意味がわかりにくい語句がないか，線を引いて確かめるよう促す。すると，「せっちん」や「ぶっさかれる」「きもすけ」など，その数の多さに気づく。

　そこで，それらの意味を調べるための方法を話し合う。例えば，「灯」や「しも」「霜月」などは，国語辞典だけでなく，漢和辞典や歳時記，「二十四節気についての事典」なども参考にできる。指導者は，必要に応じて学習者にそういった書物を紹介し，活用を促す。そして，そのようにして調べた言葉は『「モチモチの木」言葉事典』としてまとめることを伝え，事典作りへの関心を高めるとともに，学習への見通しをもてるようにする。

● 『「モチモチの木」言葉事典』作りを通してイメージ豊かに物語を読む

解決する語句を明確にする

　第二次では，はじめに，一人読みにより，国語辞典などを使って意味のわかりにくい語句について，各自で意味調べをする。次に，物語の5場面を班で分担する。分担した場面で調べた語句の結果を交流し，解決できるものと，疑問が残るものとに分ける。その結果を，グループごとにまとめ，印刷して

全員に配付し，共有できるようにする。この一連の学習で，これから読みを通して解決していく語句を明確にする。その後，各場面で，解決しきれなかった語句の意味やイメージを話し合い，理解を確かにする。それを通して物語に書かれている情景や登場人物の心情を読み取り，言葉の説明を書く。このように，場面ごとに読み取る活動を繰り返す。

豆太への共感を「せっちん」「霜月」から読み広げる

　「おくびょう豆太」の場面で中心人物「豆太」が１人で真夜中に行けない「せっちん」（トイレ）がある場所は，以下のように描かれている。
　・「とうげ」（家のあるところ）→山道を登り切って下りになるところ。
　・「表」→いくつかある意味の中から「家の外」。
　また，そこにある「モチモチの木」は，以下のような擬人化された描写になっている。
　・「空いっぱいのかみの毛」，
　・「バサバサとふるう」
　・「両手を『ワァッ！』とあげる」
　そこで，「せっちん」の意味を単に「トイレ」と言い換えるだけではなく，「豆太」がどう捉えているのかを想像し，『「モチモチの木」言葉事典』にその場面の様子なども加えて説明する。こうした学習活動を通して，「豆太」が，真夜中の「モチモチの木」を恐ろしいものとして捉えているのではないかと，想像することになる。
　また，この場面にある「霜月」とは，教科書の注釈によると「11月の古いよび名」，国語辞典では「昔のこよみで11月のこと」とある。さらに，その20日の「うしみつ」（教科書の注釈では真夜中のこと，国語辞典では今の午前２時ころ）のできごとである。これに，二十四節気について説明された本や歳時記を読み重ねることで，12月の厳寒のときの季節感が学習者に伝わる。このようにして，夜の「モチモチの木」に対する豆太の恐怖心と12月の厳寒の頃という設定を確かに捉える。このような読みを通して，学習者は，「豆太は見た」で５才の豆太がとった行動は，いかに必死なものであったのかに

気づき，豆太への共感につながる読みが促される。

「しもが足にかみついた」から幻想的な情景へ読み広げる

　「豆太は見た」の場面は，この物語のクライマックスである。ここでは，短い語句や文がつながっていて，豆太の緊迫感が伝わってくる。それだけに，「表戸」「ふっとばして」「ねまきのまんま」「はだしで」といった語句は，豆太の様子を端的に語っている。語句の説明だけではなく，『「モチモチの木」事典』には，なぜそのような格好で走ったのかについても考え，解説を書き加えさせたい。また，「しもが足にかみついた。」という文がある。「しも」の意味を国語辞典[1]で調べると，「晴れた寒い夜，水蒸気が地面などにこおりついたもの」とある。氷の山道を半道（2キロ近く）も裸足で走るのだから，「かみついた」ように痛く，血さえ流しながら走ることになる。さらに，歳時記[2]で調べてみると「霜夜」という言葉に出会う。解説には，「良く晴れて風もなく，深い霜の降りる夜をいう。夜更けの庭土や垣に早くもうっすらと白く光る霜を見る夜のことである。（中略）霜夜はとくに寒さは厳しいがほんのり美しい趣もある」とある。まさにそんな夜に，豆太は，「モチモチの木」にともる灯（あかり）を見たのである。このように，複数の辞書や事典を合わせ読むことで，学習者は，豆太の経験した幻想的で美しい情景を想像し，読みを広げていくことができると考える。

（中西康恵）

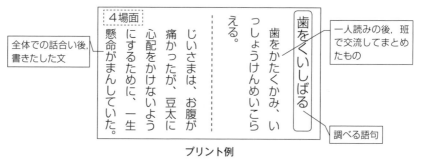

プリント例

（注）
1　『小学新国語辞典』光村教育図書，2002年
2　俳句文学館編『ハンディ版入門歳時記』角川書店，1999年

この授業のポイント

イメージ豊かに読むための「『モチモチの木』言葉事典」作り

　「モチモチの木」は，読者に語りかけるような文体と時代背景を想像させる言葉によって，昔話の雰囲気が伝わる特色を持つ物語である。3年生の児童は，読者に語りかける文体を読んで，物語に親しみを覚えながらも，時代背景を想像させる言葉の意味理解には，難しさを感じるものと思われる。そこで指導者は，言葉の意味理解の困難さを解決し，イメージ豊かな読みを促すために，「『モチモチの木』言葉事典」作りという言語活動を設定した。国語辞典を使って言葉の意味調べを行い，文章理解の困難さを取り除き，学習者の語彙を増やす学習活動は，一般的に行われている。本実践では，国語辞典などを使って各自で調べた結果を交流し，全体で調べ直したり話し合ったりして，言葉の意味や場面の情景，人物の気持ちなどのイメージを確かめ，「『モチモチの木』言葉事典」作りを進めていくところに特徴がある。例えば，「せっちん」の意味調べは，次のように書かれている。

　　「せっちん」の意味を単に「トイレ」を言い換えるだけではなく，「豆太」がどう捉えているのかを想像し，『「モチモチの木」言葉事典』にその場面の様子なども加えて説明する。

　「豆太」が夜中に1人で「せっちん」に行くことをどう捉えているのかを想像させ，そのときの周りの様子や「豆太」の気持ちについて話し合わせる。そのようにして読み取った内容を「『モチモチの木』言葉事典」の言葉の説明に書いていく。「『モチモチの木』言葉事典」を作っていく過程で，作品をイメージ豊かに読む学習が成立する。児童は，「モチモチの木」という作品に対して，国語辞典などの関連読書活動を行い，自分の考えを形成し，交流を行うことができるようになる。言葉の意味について単に国語辞典などで調べるのではなく，「『モチモチの木』言葉事典」を作るという学習課題を設定し，場面の様子や人物の気持ちをイメージ豊かに読ませる支援によって，学習者を〈読者〉に育てる実践である。

　　　　　　　　　　　　　　　　　　　　　　　　　　　　（石橋　卓）

● 授業デザイン ●

4 ファンタジーの世界に誘う物語のしかけを読み解く
【5年「注文の多い料理店」】

❶ 〈読者〉に育てるための本教材のキーとなる表現

●本教材の価値

　この物語は、賢治が巧みな言葉遣いとユーモラスな内容で構成した痛烈な社会批判ファンタジーである。

　貧乏で苦しい生活をしている農民達を横目に、金に物を言わせ傍若無人に振る舞う強欲で利己的な人々を主人公「ふたりの紳士」として登場させ、自然の神的存在の「山猫」がそのふたりを騙し、誘い込んで改心させようと懲らしめる展開になっている。その過程で、「山猫」が人間の持つ「文明（武器・衣服・装飾品）」を少しずつ剥ぎ取り、二人を丸裸にして人間の無力さを思い知らせ、最後に命を奪われる恐怖を味わわせている。しかし、命を奪ってしまうまでには至らない。許せない人間ではあっても、命は尊い。そこに賢治の「万人への愛」が表れていると感じる。

●表現の特徴と学習活動

　賢治のユーモアのセンス、巧みな言葉遣い、話の展開の妙がいかんなく発揮された作品である。そのおもしろさを味わう。また、6年生で「書評」が書ける力を付けるためにも、作品を分析し、「言葉の使い方、文章表現の工夫、構成」を紹介し、評価できる力を付けたい。

　そこで、「ファンタジーの世界に誘う物語のしかけ」を読み解くことで主題に迫る授業展開を考えたい。また、比較し追究するテキストとして、『どんぐりと山猫』『雪渡り』を用意し、最終表現活動として「ブックレポート」を書く。ここでは、3つの観点（表①〜③）に絞り授業づくりを考える。

表① 『注文の多い料理店』の教材分析

①登場人物の設定 　　（役割）	・山猫（森の神，自然の化身）　・山猫の子分 ・二人の紳士（支配者階級の象徴）・猟師，猟犬（被支配者）
②物語の構成 　クライマックスに 　　誘うステップ	・額縁構造（現実―非現実―現実） ・不思議な世界への入口と出口（風の使われ方） ・戸による場面転換　・色の変化による誘い込み ・掛詞など言葉の二重の意味による誘い込み
③主題につながる 　　重要表現	「紙くずのようになった二人の顔だけは，…もう元のとおりになおりませんでした。」

表② 『どんぐりと山猫』の教材分析

①登場人物の設定 　　（役割）	・一郎（人間の善）・山猫（自然の化身）　・馬車別当 ・どんぐりたち（民衆）・栗の木，笛ふきたき，きのこ，りす
②物語の構成 　クライマックスに 　　誘うステップ	・額縁構造（現実―非現実―現実） ・不思議な世界への入口と出口（風の使われ方） ・方角（東西南北）による誘い込み ・どんぐりの偉いもの比べによる混沌と裁判の権威
③主題につながる 　　重要表現	「いちばんばかで，めちゃくちゃで，まるでなってないようなのが，いちばんえらい。」

表③ 『雪渡り』の教材分析

①登場人物の設定 　　（役割）	・小狐紺三郎（自然の化身）　・狐の学校生徒 ・四郎とかん子（人間の善）　・兄さんたち
②物語の構成 　クライマックスに 　　誘うステップ	・額縁構造（現実―非現実―現実） ・不思議な世界への出入口（「決まり台詞」と「青白い空気」） ・雪の凍った晩による場面転換 ・歌の掛け合いによるリズミカルな誘い込み
③主題につながる 　　重要表現	「大人になっても，うそをつかず人をそねまず，私共狐の悪い評判をすっかりなくしてしまうだろう。」

● **辞典類を活用させたい表現**

　〇ファンタジーに誘うしかけに関係ある語句
　「注文」「山猫」「めまい」「かすむ」「にわかに」「色（表④）」など

表④　色のイメージ・用途（色辞典・インターネット調べ）

白	白羽の矢（悪い知らせ）・白無垢（汚れなき清浄）・歌舞伎の善人　など
金	高級感・金崇拝主義・歌舞伎の肌の色（神仏の役）　など
水色	暗い所で目立つ（プルキニエ現象）　など
黄	灰色の背景でよく目立つ・歌舞伎の黄色い衣装（不幸の予感）　など
赤	血の色・めでたい色・危険，注目の色・歌舞伎悪人の肌色　など
黒	喪に服する・死・不吉・恐怖・不気味・絶望　など
青	使命・天命・受け入れ・興奮を抑え，気持ちを落ち着かせる　など
銀	西洋志向・紳士的・高級・冷たさ　など

❷ 単元の目標

◎辞典やインターネット，他のテキストを活用し，物語のしかけを読み，作者の作風をつかむことで主題に迫ることができる。
○観点を明確にして，「ブックレポート」を書くことができる。

❸ 学習指導計画（全14時間）

第一次（2時間）　学習の見通しを持つ
　①『注文の多い料理店』全文を通読し，おもしろさを交流する。意味調べ。
　②この物語の疑問を出し合い，宮沢賢治作品の「ブックレポート」を書くという学習への見通しを持つ。

第二次（8時間）　課題解決へ向けて読み深め，「ブックレポート」を書く
　①紳士たちの人物像を読み取る。
　②③戸に書かれている言葉の二重の意味と二人の紳士の心情を読み取る。
　④⑤ふたりの紳士を誘い込むために戸などの「色」がどう作用しているか，色の効果について調べ，考えを交流する。　【教材からの離陸と着地】
　⑥登場人物のそれぞれの役割を明らかにすることを通して主題を考える。
　⑦⑧①〜⑥の内容を中心に「ブックレポート」にまとめ，交流する。

第三次（4時間） 宮沢賢治の他作品（『どんぐりと山猫』『雪渡り』）を読んで「ブックレポート」を書き，宮沢賢治の作風・主題について意見交流する
【教材からの離陸と着地】

❹ 授業展開のポイント

●授業展開例

〈第二次第5時〉（下線は調べたこと，下線二重線は教材中の意味を示す。）
　紳士たちを恐怖に誘う色の作用について，調べたこと（色のイメージや使われ方）をもとに自分の考えを交流する場面。

C　最初に出てる色は白い瀬戸のれんがです。インターネットで調べると「白羽の矢」というのがあって，生贄に選ばれた人に立てられる悪い知らせです。この二人の紳士にとっては，悪いことの始まりで，生贄と同じです。

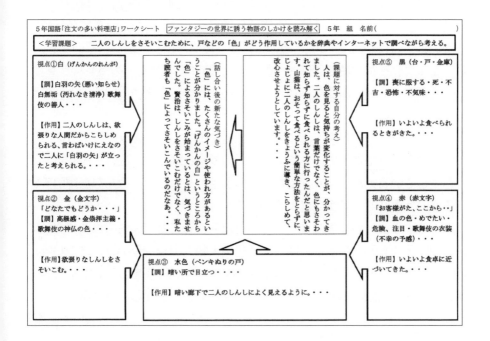

C 花嫁が白無垢の着物を着るのは，女性が神と結婚して神に仕えるという意味で，清く真っ白になるということで，二人の紳士にも山猫に食べられるために清くなれという意味もあると私は思います。紳士たちにとっては，恐怖だけど。…（中略）…
C 最後の黒は，黒い台・黒い戸・黒ぬりの金庫と使われていて，「喪に服する」というイメージでいよいよ食べられる時が来たという感じです。
T 戸の裏の「ネクタイピン，カフスボタン，眼鏡などをみんなここに置いてください」というのは，棺桶の中に遺品を入れるのに似ていますね。
C 賢治は，単にいろんな色を使って場面の転換をわかりやすくしただけではなく，色で紳士と私たち読者を徐々に恐怖に誘っているんだなあ。

〈第三次　4時間目〉
　他作品（『どんぐりと山猫』『雪渡り』）の色の使われ方を比較分析して，賢治の作風と主題を考察する場面。
C 『どんぐりと山猫』『雪渡り』には，「青」と「金（黄金）」が良いところで使われていると思います。不思議な世界で，どんぐりは，黄金色に輝いています。『雪渡り』では，雪の世界が「青や青白く」描かれています。
C どんぐりが黄金色なのは，一郎が，「いちばんばかで，めちゃくちゃで，まるでなってないようなのが，いちばんえらい」と言っているのと関係あるように思います。
C 『注文の多い料理店』で二人の紳士を生かして，心を改めるようにお仕置きで済ませた賢治の「全ての人間への愛」と同じことを「どんぐり」でも表している気がします。だから，黄金色。一人ひとりみんなが輝いているという意味で，黄金色だと思います。

　以上のように，色が意味するところを追究することで作者の作風や主題に迫る授業展開を例に挙げた。同様に「登場人物（山猫・どんぐり・きつね等）」「言葉の二重の意味（掛詞）」「風の使われ方」等に焦点を当てて授業を展開することで，物語の世界と言葉学びの世界が大いに広がると考える。

（川本貴康）

この授業のポイント

ファンタジー世界に誘う物語のしかけを読み解く「ブックレポート」作成

　宮沢賢治「注文の多い料理店」は，生き物の命を大切に思わない二人の若い紳士が現実とは異なる世界に足をふみ入れてしまい，もう少しで山猫たちに食べられてしまいそうになるという恐ろしい体験をするお話である。けれども，明らかに現実とは異なるファンタジーの世界の話だとわかり，話全体がユーモアに包まれているので，子どもたちが安心して読める物語になっている。本実践では，ファンタジーの世界に誘う物語のしかけの1つである「色」に着目する。

　戸などの色の転換の意味について，その色のイメージや使われ方を辞典やインターネットで調べたこと【教材からの離陸】とファンタジーの世界へ誘い込む（紳士をだます）しかけとの関連について考えを交流する【教材への着地】そうすることで，物語の読みが深まる展開を考えたい。

　物語に出てくる色について，その意味を国語辞典やインターネットなどで調べる。それぞれの色がどのようなときに使われるのか，どのような意味を持つのか，各自で調べたり考えたりした内容を「ブックレポート」にまとめて，それを持ち寄って交流する。例えば，次のような発言を想定している。

　C　最後の黒は，黒い台・黒い戸・黒ぬりの金庫と使われていて，「喪に服する」というイメージでいよいよ食べられる時が来たという感じです。

　C　賢治は，単にいろんな色を使って場面の転換をわかりやすくしただけではなく，色で紳士と私たちを徐々に恐怖に誘っているんだなあ。

　このような発言が出れば，「答えを探索する過程で新たな『言語表現』に問題を見出す」〈読者〉に育っているといえるだろう。そのためには，子どもたちからこういった発言が出るかどうかがポイントになる。指導者からの発問によって出る発言ではない。物語の構成や表現の工夫などについて作品を分析し，作者の意図を考えるような学習経験や身内の葬儀などで「死」について触れた生活経験が，このような発言を支える根拠になると思われる。

（石橋　卓）

● 授業デザイン ●

5 自分たちの風土記づくりを通して古典に親しむ
【6年「いにしえの言葉に学ぶ」】

❶〈読者〉に育てるための本教材のキーとなる表現

　古典の学習では，内容だけではなく表現の工夫にも着目させたい。そのためには，表現が分かりやすい文章を扱ったり，類似点，相違点のある文章を比較したりする学習活動が重要である。このような点から，教材文「いにしえの言葉に学ぶ」（東京書籍6年）で児童に特に注目させる表現を抜粋した（A，B）。合わせて，比較させる『風土記』の文章例も以下に示す（C）。

　A「天は人の上に人を造らず，人の下に人を造らず。」
　　（福沢諭吉『学問のすゝめ』より）
　B「千日のけいこを鍛とし，万日のけいこを練とす。」
　　（宮本武蔵『五輪書』より）
　C「奪谷。葦原の志許乎の命と天の日槍の命と二はしらの神，この谷を相奪ひたまひき。故れ，奪谷と曰ふ。」
　　（『風土記』における「播磨国風土記」より。以下，『風土記』は「播磨国風土記」を指すものとする。）

　これらを比較させる観点を表1に示す。

表1　「いにしえの言葉に学ぶ」と『風土記』の比較観点

	「いにしえの言葉に学ぶ」	『風土記』
内容	名言，格言，教訓	記録（※特に地名の由来部分）
表現	・熟語を表出させる内容 　「平等」…名言の意味 　「鍛錬」…名言の意味＋漢字の音 ・対句，繰り返し等の表現	・文学的文章（主に神話） ・漢字や言葉の音

これらを，教材文「いにしえの言葉に学ぶ」から離れて（離陸して），『風土記』を学び，再度教材文に戻る（着地する）各学習場面で，それぞれの文章を参考にして自分たちの表現に生かす学習活動として位置付けたい。これにより，児童が古典の表現の内容と方法を評価することができる〈読者〉に育つと期待する。

❷ 単元の目標

○教材文を読み，比較することで，作品のもつ表現や内容の工夫に気付く。
○教材文を参考にして，自分たちの「風土記」を書くことができる。
○お互いの「風土記」を読み合い，表現や内容について感想を述べることができる。

❸ 学習指導計画（全6時間）

次	時	主な学習活動
一	1	「いにしえの言葉に学ぶ」を読み，古人の考え方に触れ，味わう。 ○音読し，原文から内容を読み取る。
	2	『風土記』の内容を読み取る。 ○『風土記』の一部を読み，示された土地の名前を考えるクイズをする。
二	3	「いにしえの言葉に学ぶ」と『風土記』を比較する。 ○表現やジャンルの違いに目を向け，それぞれの作品の良さに気付く。
	4・5	「いにしえの言葉に学ぶ」と『風土記』を参考にして，自分たちの「風土記」をつくる。 ○学区あるいは市内の好きな土地を選び，その土地の由来となる文章を自由に考える。第一次での気付きを生かし，参考にして書く。
	6	書いた「風土記」を見せ合い，お互いに感想を伝え合う。

❹ 授業展開のポイント

● 「いにしえの言葉に学ぶ」と『風土記』を参考にする

　まとめの学習活動として，オリジナルの風土記づくりを位置づけた。風土記づくりを選択した理由は以下の2点である。

> ○親近性
> 　地名は，児童にとってたいへん身近なものである。また小学校6年生という卒業を間近に控えた児童たちが，風土記を通して地域を改めて見直す機会をつくることは有意義である。
> ○書きやすさ
> 　『風土記』のストーリー性をもつ内容は，「いにしえの言葉に学ぶ」の言葉よりも真似をしやすい。児童にとっても書きやすいものである。

　本授業デザインを構想するもととなった稿者が行った実践では，『風土記』のみを参考にして，児童に自分たちの風土記を書かせた。地名の由来は事実に即したものではなく，児童が想像して書いたものである。次に完成した作品の一部を挙げる（太字，下線は稿者による）。

①　春日 。春，花の咲く時，花の**香**を**清々**しく感じる。
　　故れ，春日と曰ふ。（F児）
②　下町沖田 。昔ヤマトタケルノミコトという神がおった。
　　ヤマトタケルは，「**下町**」という村を作り，下町を治めるようになった。ヤマトタケルは眠ってばかりいた。また，よくねがえりをうっていた。ある日，ヤマトタケルがねていると，ねがえりすぎて，下町の外まで出ていってしまった。そこで下町の神がおきた。
　　故れ，下町沖田と曰ふ。（K児）

③ 鬼の架け橋。赤鬼と青鬼がけんかをしてとんできた岩がひっかかった。故れ，鬼の架け橋と曰ふ。（M児）

　①は，「かすが」という地名の音を捉えた作品である。「香」と「清々しい」の「すが」という音を組み合わせて，地名の由来を示している。音をとることもさることながら，最初に「春」という漢字も入れて，漢字のイメージもしっかり捉えている情景豊かな作品である。②は，「沖田」の「おきた」という音から「起きた」を連想したイメージ豊かな作品である。扱った『風土記』の神様同士の競争に関する記述や，落ちのある滑稽な文章の雰囲気をよく参考にしている作品である。（③については解説を省略。）

　①，②の作品に限らず，児童の作品は表1に挙げた『風土記』の特徴をふまえた作品に仕上がった。児童は「参考にする」ことを通して，教材とした『風土記』の内容と表現方法を活用していることがわかる。また，下線を引いた「故れ＋地名＋曰ふ。」という定型文を指定し，古典の形式に触れさせることで，更に古典の世界を楽しめるような工夫を施した。

　本授業デザインでは，稿者が実地研究において行った実践（於：兵庫県T市立S小学校6年）とは異なり，教材文「いにしえの言葉に学ぶ」も参考にして書かせる。一旦教科書を離れることで，1つの教材に留まらず多様な表現を学び，児童が自己の表現の幅を広げることができる。また，教科書を離れることで，一度読むだけでは気づけない表現の工夫に気づくこともできる。最初の読みとは異なり，『風土記』との類似点，相違点という観点ができ，その観点に沿って「いにしえの言葉に学ぶ」の表現を捉えなおすことができる。一方，教師側からすると，学んだ表現を児童がどのように活用したのか，完成した彼らの作品から把握することができる。

●多様な表現を楽しむ

　「いにしえの言葉に学ぶ」と『風土記』の比較によって，児童は古典の様々な表現に触れる。2つの教材の性質の違いに気づき，それぞれの表現を活用することができる。具体例を次に挙げる。

> ①「千日のけいこを鍛とし，万日のけいこを練とす。」
> 「千日」と「万日」の反復する表現＝強調，人々の心に残る。
> ②『風土記』「播磨国風土記」より 「奪谷。(略)」
> 神が谷を奪い合ったという神話＝文学的な表現，ストーリー性がある。

　①に着目した児童は，反復などの表現，リズムの良さを重視した作品を作る。一方で②に着目した児童は，ストーリー性のある落ちのある文章を作る。児童が自分の表現に合うものという観点から，それぞれの表現を活用することができる。

　また，参考にしてつくった自分たちの風土記を鑑賞し合うことで，内容のおもしろさだけではなく，表現の工夫にも着目することができる。

　このような多様なジャンルの古典にふれることは，生涯古典に親しむ態度を育成する，その導入期にあたる小学校での古典の学習をより豊かなものにすることができるであろう。また，児童の表現にも良い影響を与えるだろう。

● **古典も読める〈読者〉に育てる**

　教科書教材から離陸し，教科書教材に着地する。この着地の時点で，児童は教科書教材「いにしえの言葉に学ぶ」をメタ認知することができる。それを，参考にして書く活動を通して，児童が教材をどう評価したのかを，児童の取り入れ方によって判断することができる。このように，古典を学ぶ上でただ内容を読み取るだけの教科書教材の読みに留まることなく，自分で使ってみることでその良さを知る。そういう〈読者〉に育てたい。小学校6年という小学校の最終学年で，古典という分野においても，〈読者〉になることができれば，主体的に読む力を高めることができるであろう。

　　　　　　　　　　　　　　　　　　　　　　　　　　（藤村湖春）

この授業のポイント

自分たちの「風土記」を作り，古典の表現に触れる

　教材文「いにしえの言葉に学ぶ」（東京書籍6年）には，福沢諭吉「学問のすゝめ」と宮本武蔵「五輪書」が掲載されている。「学問のすゝめ」は明治時代，「五輪書」は江戸時代に著された書物である。「いにしえの言葉に学ぶ」という教材名であるが，児童にとってそれほど抵抗なく読める文が紹介されている。一方，「播磨国風土記」は奈良時代初期に編纂された書物であり，前者に比べてずいぶん古い。名前には漢字が多く使われており，「たまひき」「故れ」といった古典の表現もあり，児童が読むには抵抗があるものと思われる。けれども，あえて児童にとって読みにくい「播磨国風土記」を「学問のすゝめ」や「五輪書」と読み比べさせたところに本実践の意義がある。

　「いにしえの言葉に学ぶ」で紹介されている「天は人の上に人を造らず，人の下に人を造らず。」や「千日のけいこを鍛とし，万日のけいこを錬とす。」の文は，いずれも対句になっていて読みやすく暗唱しやすい。けれども対句が主な特徴だけに，児童にとって創作しにくいと思われる。一方，「播磨国風土記」の例文は読みにくいが，話の内容がわかると，児童にとってかえって書きやすい内容となっている。児童の作品の一部が紹介されている。

　②下町沖田。昔ヤマトタケルノミコトという神がおった。ヤマトタケルは，「下町」という村を作り，下町を治めるようになった。ヤマトタケルは眠ってばかりいた。ある日，ヤマトタケルがねていると，ねがえりすぎて，下町の外まで出て行ってしまった。そこで下町の神がおきた。故れ，下町沖田と曰ふ。（K児）

　地名になるような話を自分たちで考え，最後の一文には，「故れ＋（地名）＋曰ふ。」という定型文を使う学習活動によって，古典の表現のよさに改めてふれることができる。なお，自分たちで作った「風土記」はあくまで国語の学習として創作したものであり，実際の地名に関わる本物の「風土記」があることをおさえておきたい。

（石橋　卓）

● 授業実践 ●

6 他の情報へアクセスする読み手を創造する
【1年「たぬきの糸車」】

❶ 〈読者〉に育てるための本教材のキーとなる表現

　「たぬきの糸車」は，北伊豆地方の山間に伝わる民話を書き起こされたものである。教科書版は，原話より心情描写が控えられ，きこり夫婦特におかみさんとたぬきの心情や関係を，読み手（聞き手）の想像に託す文章となっている。「言葉から情景の想像を広げる」「話から感想を持ったり考えを広げたりする」魅力を存分に有する作品である。

　筋は平易で捉えやすいため，昔話特有の語句や情景・心情・様子を表す語句などに気づかせることが容易である。昔話の中の語句を紐解くと，当時の人々の生活や感覚が浮かび上がる。また，見たことも聞いたこともない語句やものの名前から，未知の世界の情景を想像したり，現代と置き換えてイメージしたりしながら，タイムトリップできる。こうした特性をもつ民話・昔話の学習の価値として，以下の4点が考えられる。

①古くからの人々のものの見方や考え方に触れることができる（先人の努力や工夫，生活の知恵などを知ることができる。子どもたちに伝えられる昔話には，人としての美徳も描かれ，ずるいことや人だましなど諸悪をたしなめる道徳的内容のものが多く，よりよく生きていくヒントが込められている）。
②伝承話（口承文芸[1]）の特徴として，場の設定や話の筋が明解で状況や展開を捉えやすく，自分もまた人へ語り継ぐことができる（場面の構成が起承転結はっきりしていたり，出来事のくり返しで進めたりしてあり，リズム・テンポがよく，耳で聞く文芸・口で語り継ぐ文芸として音楽に近い性質を持つ）。
③土地柄が出ている（その土地独特の物事や，使われている言葉（方言も含む）・言い回しが表現されている。自分の故郷の風土・文化への愛着も生まれる）。
④再話・リライトされているため，書き手話し手の捉え方が反映されている。

　1年時に多くの昔話に触れさせ，語句から想像を広げる楽しさを味わわせることで，「言葉の意味を知って広げる豊かな自立した読者」に育つ素地に

なる。

本実践では，挿絵や現物資料，画像資料，図鑑，他の絵本や紙芝居や読み聞かせや語りなど，他の情報へアクセスし，そこから関係する情報を取り入れることを位置づけた。

こうした学習に生きる，本教材のキーワードは，以下の通りである。

> ＊主題につながるキーとする語句…いたずら，かわいい
> ＊昔話に固有の語句[2]
>   むかし，ある山おくに，きこり，糸車，しょうじ，たぬきじる，いたの間，いたど，土間，戸，いきましたとさ。
> ＊情景を表す語句（色・音・風景）
>   山おくのいっけんや，月のあかるいしょうじ，白い糸たばが山のよう，つんで，
> ＊心情を表す語句
>   おかみさん…わな，ふきだしそう，こわごわ，かわいそうに，あっ，ふしぎ，そっと，いつものたぬき，いつかのたぬき，
>   たぬき…まいばんのように，まね，くりかえす，まいばんまいばん，たばねておき，ふいに，うれしくてたまらない，おどりながら
> ＊様子を表す語句（擬態語等）
>   くるりくるり，キーカラカラキーキルクル，ちらり，ぴょこん，ぴょんぴょこ

❷ 単元の目標

単元名　むかしがたりのおもしろさをかんじよう，つたえよう
○場面の様子について，登場人物の行動を中心に想像を広げ，お話を楽しみながら読むことができる。（読む(1)ウ）
○主語と述語の関係，語のまとまりや言葉の響きなどについて考えながら音読することができる。（読む(1)ア(2)イ，伝ア，国語特オカ）
○場面の様子を想像を広げて読み取り，感想を書くことができる。（書く(2)イ）
○筋を暗誦し，人にものがたることができる。（話す(2)エ，伝ア，国特カ）

❸ 学習指導計画（全12時間）

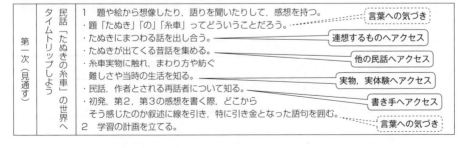

第二次〈深める・高める〉	「たぬきの糸車」の登場人物にせまろう	1 おはなしのもとを読み取る。 ・登場人物，時，場所，生活，たぬきとの関係を人物関係図に表す。 ・おはなしのあらすじを，捉える。 …アニマシオン1（挿絵入替で順序を捉える） 　　アニマシオン2（挿絵と本文を合わせてその場面名をつける） 2 おはなしの事件を見つける。｜・目玉のぞき発見事件 　　　　　　　　　　　　　　｜・わなにかかったたぬきにがし事件　など ・語句に着目し，出来事や心情の変化点を捉える。 3〜5 おはなしの事件①〜③を話し合う。 6 帰っていくたぬきの様子から，話全体のよさを考える。 ・どんなたぬきが出てくる話か自分の読みをまとめる。	原話・絵本版へアクセス 原話・絵本版へアクセス
第三次〈広げる・使う〉	昔話のよさをものがたろう	1 「たぬきの糸車」の語り方を考える。 2 役割を考え，グループでよりよい語りにする。 3 二年生・保育園の子に，ものがたり会を開く。 4 ものがたり会の成果をまとめ，他の昔話の語り方を考える。 　おうちの人に，ものがたる。	原話にアクセス（方言） 他の昔話にアクセス 他へのひろがり

❹ 授業の実際

　物語全体から児童が持った課題や疑問点から読み深める実践はよくあるが，今回は，語句単位での児童の気づきから読みを広げていく方法に取り組んだ。漠然と不思議だ，すごいではなく，「この語句に物語のヒントがある」「物語の世界へ誘う光る言葉はこれ」という気づきを培うように仕組んだ。

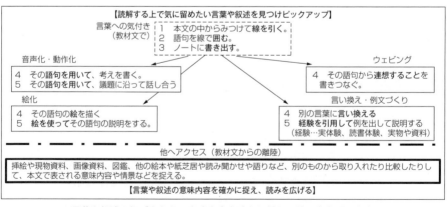

言葉や叙述の気づきから，意味内容を確かに捉え，読みを広げる方法

● 本文の語句から他の情報へアクセスし，意味内容を確かに捉える

　第一次では始めに児童一人一人が〈読者〉として，その作品の世界へ入っていく糸口として，初読から３回，読む度に感想を書き重ねさせた。作品との対話を大切にし毎回新しい発見を明確化させた。その中で，児童（32名）が取り上げた（ピックアップした）語句は，「ふと」（80％），「くるりくるり」（100％）に対し，「いたずら」（10％）だった。稿者は「いたずら」を，本作品の主題にもつながる重要語句として捉えていたが，取り上げた児童は少なかった。これは，たぬき自体が化けるのが好きでいたずらするのは当たり前だという読者の潜在的な意識があったからのようである。「いたずら」とは，「悪いこと」と捉えていた子は６％だけで，他は「いけなくはない，お茶目でかわいいこと」と捉えていた。辞書によると「ふざけて人の迷惑になるようなことをすること」（三省堂『新明解』），「悪ふざけ」（大修館『明鏡』）である。生活の中で「まあ，いたずらさんね」とほほえましく言われることや，山里のような野生動物と共生している環境でもなく，昔と違い物に不自由することがなく人々の生活を混迷させるような悪さをする者も生き物もないことが「いたずら」という語の意味を薄れさせているようだ。この後のおかみさんの「いたずらもんだが，かわいいな」は，約70％の児童が取り上げたが，これでは文の解釈がおかしくなる。この「いたずら」の意味合いを感じ取っていてこそ，おかみさんが，いたずらもんだがかわいいと思い始め徐々にたぬきへの気持ちが優しくなっていくことに気付き，この民話のあたたかい感じを味わうことができる。いたずらという言葉から考えられることをウェビングで広げていくうち，ある児童から声が上がった。

C　あ，私が図書館で借りて読んだ絵本のたぬきの糸車に，ごはんひっくりかえして散らかしたり，ものをとったりって書いてあったよ。
T　先生が図書館で借りようと思って行ったら貸出中だったのは，○○さんが先に借りてたんだね。えらいな，この話を学習すると思って借りてたの。
C　うん，でも私も借りにいったら貸出中で，予約してたのが昨日きたよ。いっしょのところもあるけどね，教科書に書いてないこともいっぱいあったよ。
C　ごはんひっくりかえしたりもするんか。
C　ごっつい　とび散らかしてたよ。
C　悪いことするなあ。
C　<u>まいばんのように</u>って，すごいいややな。

> 他の児童はその絵本を知らないため，本文からそれにつながる叙述を引っ張り出して考えている。おかげで本文と絵本をつなぐ読みが生まれた。

C　だから，きこりの夫婦がすごく困って，わなをしかけたんちゃうか。〔原話・絵本へアクセス〕

　そこで，他の絵本の存在と書きぶりの違いなどを紹介した。いたずらについての記述を読み比べた後，原話を読み聞かせた。絵本や原話の「食べ物がとれなくなっても，晩になると腹鼓…」から，防衛策を打ったきこりにも負けず，人を困らせて喜ぶたぬきの姿，きこり夫婦がわなをしかけてこらしめてやりたいと思うほど腹を立てている状況がわかってきた。また，本文の「山おくのいっけんや」から，山奥で人間の物なんてないから珍しくて気になり，面白がって毎晩のように来ていたんじゃないかという読みも出てきて，この話の世界へ引き込まれたように感じられた。

　「かわいい」（100%）についても，これまでの感覚で，形格好のよさと思っている児童が多かった。実物のたぬきに近い獣的に描かれている教科書の挿絵や，図鑑でもたぬきの姿を確かめ，おかみさんがかわいいと言ったのはどういう意味かを考えることができた。辞書では，「大切にしたい，優しくしてやりたいという気持ちを起こさせる様子」となっている。また，原話では「あいきょうもの」と書かれており，「にこにこして可愛らしい，人当たりがよいこと（新明解）」である。することがかわいいという意味合いに気付くことで，たぬきが悪いいたずらで楽しむよりも糸車に興味津々で毎晩やって来て真似をするのを楽しむ様子や，おかみさんの気持ちの変化を読み深められた。こうして，第一次での人物関係図のウェビングも広がり，言葉で表されている意味内容が確かに捉えられるようになった。

● **他から情報を取り入れることによってイメージを広げる**

　第三次の「ものがたり」で，作品を自分に引き寄せ「たぬきの糸車ってこんなお話だよ」と自分なりの読みを持ってものがたる，主体的な〈読者〉としての語りにはできないかと考え，この話を「○○なたぬきが出てくるお話」とたぬき像を自分なりに作りながら読み深める方法を考えた。そのために，第一次から「たぬき像」のイメージを広げていった。題から連想することのウェビングだけでは児童の持つイメージは少ないため，他の民話・昔話にもアクセスし，「たぬき像」を広げた。前単元の昔話紹介活動で取り組んだ中

からたぬきの出てきた昔話を挙げさせ，他に地元兵庫の昔話も取り上げた。おはなしカードを用意し，たぬき像を明確化させ，それぞれ登場人物に焦点を当てて比較を行った。

おはなしカード

それぞれの話にたぬき像を自分の読みで持ったからこそ，本作品のたぬき像にも迫っていけた。どの話でも他の登場人物や場の状況との関わりを経てそのたぬき像が浮かび上がっているように，本単元でも，きこり夫婦，特におかみさんとの関係を読み取って，たぬき像を持たせた（例；名人だぬき，特訓だぬき，まねっこだぬき，興味津々だぬき…など）。そして，冬の間せっせと紡いでいたのは①「むじゃきなたぬき」だから楽しんでしていたという読み，②「かんしゃだぬき」だから恩返しにしていたという読みというように，自分なりの根拠を持って語ることができた。また，③野生だぬきと人間のおかみさんが仲良くなっていく話というように，登場人物同士の関係の移り変わりを入れて語った子も出てきた。

子どもたちが捉えたたぬき像

民話・昔話名	子どもたちが捉えたたぬき像		そう捉えた理由
かちかち山	いじわるなわるいたぬき	男女	わるいことばかりするから。
	おこりんぼうだぬき	女子	気がつよい。
	まねけたぬき	男子	いじわるなことをするからおしおきされた。
ぶんぶくちゃがま	えらいたぬき	男子	はたらいたから。
	やさしくてかわいいたぬき	男女	人のためにがんばるから。つなわたりしてかわいい。
	ありがたいたぬき	女子	恩返ししたから。
	おもしろいたぬき	女子	みんなをおどろかせたから。
川太郎（がたろう）	おまもりだぬき	男子	川をきれいにしたり大雨の時はがんばってまもったりしていた
	はたらきものかしこいだぬき	女子	みんなが困っている時は助け、おじさんの手伝いもやるから
大入道ますえ	のんびり酒大好きたぬき	女子	毎日お酒を飲んで昼寝をしていた
	（他の民話へアクセス）		人のこえがすると全速力で走って行ってその人を助ける。朝からごろごろしてるけど、人が困っていると目をくるりとまわして大

❺ まとめ

単に多読によって内容理解を補うのではなく，ある語句の他の作品等での使われ方を知ること（教材文からの離陸）で，その意味内容を実感を持って理解できた（教材文への着地）。このように「他にアクセスして読む」ことを知ると，読解に深まりが出るだけでなく，読書観が広がり，より主体的に読むことを楽しむ〈読者〉になっていく。

単元の始めにこの文章の文種を聞くと、1年間の学習経験から「物語」だと答えた。では、物語とは…と聞くと、「登場人物がいろいろして、いろんな出来事がおこることをお話したもの」等と答え、「ものごと」を「語る」、人に語り伝えるものだと捉えていることがわかった。昔の話が語られるのは何か今の時代に語り伝えたい話だからではと気づき、本作品や他の昔話のいいところが伝わるように物語ろうという単元となった。いいところとは、自分の読みが反映される。この話を知らない園児に話のいいところが伝わるように物語りたい、上級生もきっと自分たちの読みとは違うから、より豊かに読み取ってそれが伝わる表現をしたいと目的意識を持ち、言葉にこだわって読み進められた。この話の世界に入り込もうと、場面と場面をつないで読み深める姿、別の絵本版での描かれ方と比べたり引用したりして読み広げる姿に、自立した〈読者〉へ歩み始めていると感じている。

（植田明代）

（使用材）
原話：吉奈　松本某「伊豆の民話～岸なみ編」未来社
他の作家版絵本：松岡節版ひかりのくに社、小暮正夫版チャイルド本社、藤井敬士版 Kindle 版
他の「たぬき」を取り上げた昔話等：かちかち山、ぶんぶく茶釜、ばけくらべ、兵庫の民話、洲本八だぬきものがたり、童謡『証城寺の狸囃子』
他の昔話：教科書単元「むかしばなしがいっぱい」、絵本／画像：糸紡ぎ、民家の土間・板戸・板の間・障子
映像：糸紡ぎ／実物：糸車・綿・障子・やぶれ障子／体験：糸紡ぎ、障子覗き
（注及び参考文献）
1　小澤俊夫「昔話を聞いて楽しもう・語られ、耳で聞かれてきた文芸―口承文芸学」『国語教育相談室』光村図書、83号、2014
2　目黒強「『たぬきの糸車』の授業実践史」難波博孝編著『文学の授業づくりハンドブック―授業実践史をふまえて―』溪水社、2010, p.60では、先行実践においてこれらが重要語句として位置づけられていることを指摘している。
足立幸子「読解リテラシーと読書指導・エレクトリックリーディングと読書指導」『ことばの学び』三省堂、20号、2009

この授業のポイント

たぬきの糸車

　教材から離陸し，再度教材に着地するためには，離陸後の学習活動と，着地する目的地（学習者の姿）が具体的にイメージできていることが必要である。本実践では，辞書活用未習の学習者が，多様な資料にアクセスすることで教材文の読みを確かなものにしている。その上で自分なりの読みで教材文を語るという流れで，教材からの離陸と着地の具体像を示している。

①語句を大切にした読解

　本教材は，昔話をもとにした再話で，学習者にもなじみのある昔話の特徴的な表現が随所に見られる。キーワードとなるたくさんの語句のなかで，「いたずら」「かわいい」を「主題につながるキーとする語句」として取り上げている。日常的によく使う語句であるがゆえに，読んでいても立ち止まることは少ない。さらに，自分が見聞きしている場面での意味合いのまま，物語の世界でも読んでしまいがちな語句である。キーとする二つの語句は，ウェビングで広げていき，内容を確かに捉えることにつなげている。

②多様なアクセスの機会の設定

　単元計画にあるように，「他へのアクセス」は，第一次から多様な観点で設定されている。学習経験の少ない学習者が学習方法を知り，習得していくためには，興味・関心を維持しながら繰り返すことは欠くことができない。教材文と出会い，他へアクセスしながら読み進めていくなかで，自分の読みを確かめながら楽しく読み進めている姿が授業記録からもわかる。

　また，第三次では，「他の昔話へのアクセス」により，自分のたぬき像をもって教材を語ることにつなげている。「他の昔話へのアクセス」で離陸し，自分なりの読みをもって物語るという目標に着地できるように，登場人物に焦点を当てた比較という新しい視点を学習者に示している。

　本実践により，学習者は新しい読み方をいくつも経験し習得している。自立した〈読者〉へ着実に歩み出していることを実感している。　　（吉田伸子）

● 授業実践 ●

7 シリーズ作品を複数読み，自己の読みを豊かにする
【2年「お手紙」】

❶〈読者〉に育てるための本教材のキーとなる表現

●シリーズ化した複数の作品

　がまくんとかえるくんの作品世界は，「お手紙」一編を読むだけでなく，シリーズ化された多くの作品を読むことによって，人物像が際立ち，より作品世界を味わうことができる。よって，複数の作品を学習材として取り上げることとする。本単元では，「お手紙」でお気に入りの見つけ方について学び，その後，シリーズ作品でのお気に入りを見つけ紹介する学習活動を設定した。ここで扱うシリーズ作品は，「おはなし」「なくしたボタン」「はやくめをだせ」「ぼうし」である。選定理由は，「お手紙」とつながりがあったり，お気に入りの見つけ方で学ぶ観点が含まれていたりしているからである。なお，4作品の本文は第一次後に紹介し，シリーズ本を教室に置いた。

●三人（二人）の関係

　「お手紙」には，「親あいなる」「親友」という言葉が使われ，二人の関係が示されている。しかし，二人の関係は，その言葉以外にもとらえることができる。二人の言動や関わりを読むことによって，より友だちの大切さ，友情の素晴らしさを感じることができる。また，お手紙を届けることになったかたつむりくんの存在が大きい。そのため，かたつむりくんを入れた三人の関係について考えることで，新たな読みの世界を広げていくことができる。

　シリーズ化されている作品は，二人の友情を強く表しているというよりも，がまくんとかえるくんの日常を描きだしたなかに友情が感じられたり，少しずつ友情が深まっていったりしているものが多い。そこで，二人の言動から

関係をとらえ，人物像や作品世界をふくらませるようにする。
● **作品に仕組まれたユーモア**
　かえるくんは，がまくんに急いで手紙を届けようと知り合いのかたつむりくんに配達をお願いする。しかし，足が遅いために届くまでに４日経ってしまったり，手紙が届く前に手紙の内容をがまくんに話してしまったりする。このように，ユーモアが多々感じられる作品である。
　シリーズ化された作品の中にも，どちらかもしくは両者の「ぷっ」と吹き出したくなるおもしろい行動や，「こういうことあるよね」と自分たちの日常と重なって共感できるものが多く，登場人物に愛着が湧いてくる。このユーモアは，読み手の感受性によって違うというよりも，作品そのものに仕組まれたものである。このユーモアに富んだ作風がアーノルド＝ローベルの作品の魅力の１つである。
● **「比較」読み**
　本単元では，さまざまな学習課題に対して「比較」の思考活動を多く取り入れることによって，想像豊かに読むことができる〈読者〉に育てるようにする。何について比較をしたのかは，後述する。

❷ 単元の目標

○物語の世界に関心をもち，想像を広げながら読もうとする。
○登場人物の心の動きがわかる部分を見つけて，その行動の理由などを想像しながら読むことができる。
○シリーズ化した作品を読み，思ったことや考えたことをまとめ，伝え合うことができる。

❸ 学習指導計画（全12時間）

第一次　がまくんとかえるくんシリーズのお気に入りの作品を紹介するという学習の見通しをもつ
　①範読を聞き，挿絵を手がかりにあらすじをつかみ，一文にまとめる。初発の感想を書く。
　②初発の感想を交流し，学習課題を立てる。

第二次　「お手紙」のお気に入りの見つけ方を学び，お気に入りを紹介する
　③玄関の前に腰を下している二人の心の動きを想像する。
　　　→物語の前後の比較，二人の「かなしさ」の比較
　④かえるくんの言動から，がまくんへの思いを想像する。
　⑤がまくんとかえるくんの性格や人柄を言動からとらえる。
　　　→二人の人物像の比較
　⑥かたつむりくんに手紙の配達を頼んだのは，よかったのかを考える。
　　　→仮の登場人物の設定による物語の比較
　⑦手紙の内容をがまくんに伝えたのは，よかったのかを考える。
　　　→反対の展開を想定した物語の比較
　⑧かたつむりくんを待っているときの二人の会話やかたつむりくんに何と言ったのかを想像する。
　⑨がまくんが一番うれしかったのは，いつかを考える。
　　　→がまくんの心情の比較
　⑩「お手紙」のお気に入りを自分の言葉でまとめるようにする。
　　　かたつむりくんにとっての「お手紙」について考える。

第三次　お気に入りのがまくんとかえるくんの話を紹介する
　⑪自分のお気に入りの作品を選び，なぜそれがお気に入りなのかを書く。
　　　→同じ作品を選んだ学習者のお気に入りの比較
　⑫お気に入りの作品を紹介し合う。

❹ 授業の実際（「　」…主発問を短くまとめたもの）

第5時 「かえるくんとがまくんはどんな人物？」

　「がまくん（かえるくん）って，○○な人」の○○に当てはまる言葉を登場人物の言動などを根拠にして理由を考えるようにした。

・かえるくん…しんせつな人
　　なぜなら，手紙をもらったことがないことを知ってすぐに手紙を書いたし，ふつうだったら手紙をもらったことがないことを知ったら，「ざんねんだね」とかそういうことを言うと思うけど，かえるくんはお手紙を書いたからです。
・がまくん…おこりっぽい人
　　なぜなら，かえるくんは，がまくんにたいして，やさしく言ってあげているのに，がまくんはかえるくんにたいして，「ばからしいこと言うなよ」と，強く，言っているからです。
・がまくん…自分からやろうと思わない人
　　なぜなら，お手紙を書かずに，お手紙がこないとまっているし，ちがう本でもそりすべりをしようとしていなかったからです。
・がまくん…やさしいけれど，おこりっぽい人
　　なぜなら，文章の「ばからしいこというな」と「そんなことあるものかい」というところから，おこりっぽい人ということがわかります。また，かえるくんから好かれているということは，ふだんはやさしいことがわかります。

　かえるくんは，「しんせつな人」「友だち思いの人」「あい手の気もちがよく分かる人」と好感をもって捉えられていた。一方，がまくんは「おこりっぽい人」「一人では，やることができない人」と否定的に捉えている学習者が多く，対称的な人物として捉えているようであった。しかし，かえるくんやがまくんを一面的に捉えず多面的に捉えたり，否定的な面を肯定的に捉えたりする意見が交流され，人物像を変容させていった。

- さいしょは，かえるくんはやさしくて，がまくんはおこりっぽい人だと思っていたけど，みんなとい見をこうりゅうして，今わたしは，かえるくんは，やさしいところもあるけど，おっちょこちょいなところもあって，がまくんは，おこりっぽいところもあるけど，やさしいところもあって，りょう方ともすきになりました。
- こうりゅうをして，かえるくんもがまくんもおなじぐらいすきになりました。／がまくんはわるいイメージがあるけど，とてもあいてに自分の意見を言える人だとわかりました。（後略）

このように，それぞれの登場人物の性格や人柄をさまざまな言動から捉え，比較することによって，二人の人物像がより鮮明に見えてきた。なかには，他の作品と関連させ，より人物像を強めている学習者もいた。

第6時 「かたつむりくんに手紙を配達してもらったのは，よかったの？」

この課題は，初発の感想で多くの学習者が疑問を抱いたところである。急いで手紙を届けたいのに，うっかり足の遅いかたつむりくんに配達をお願いするところが，この作品のユーモアの1つであり，結果的に二人の友情を深めるきっかけになっている。「もしも～なら」と他の配達者の選択肢を用意し，違う登場人物でのお話を想像することによって，かたつむりくんがお手紙を配達することのよさに気づくことができるようにした。選択肢は，かえるくん自身，とんぼくん，かたつむりくんを設定し，手紙が届く速さによる違いを考えるようにした。

〈かえるくん自身〉
○4日も待たなくていい。／ ○書いた人が手渡した方が，気もちが伝わる。
△自分で書いたことがばれてしまう。
〈とんぼくん〉
○4日も待たなくていい。／ ○はやく元気にさせてあげられる。
△かえるくんよりもはやく届いてしまうと，届いたときのがまくんの様子がわからない。
〈かたつむりくん〉
○がまくんと手紙を待てる。／ ○長い間まつ楽しみがある。
○4日経つことによっておもしろくなる。
○かたつむりくんでないと幸せな気もちで待つ時間（場面）がなくなる。

第10時　「『お手紙』のお気に入りはね」「かたつむりくんは幸せ？」

　登場人物の心情や気持ちの変化，性格や人柄，二人のやりとり（会話や行動），くり返し，仮定など，これまで学習してきたお気に入りを見つけるときの観点を基に書いて交流した。

> ・わたしのお気に入りは，がまくんとかえるくんが，いっしょにげんかんの前でかたつむりくんとお手紙をまっているところです。／なぜなら，教科書にも，「二人とも，とてもしあわせな気もちでそこにすわっていました。」と書いているので，とてもしあわせな気もちになるのはいいことだし，わたしは，その４日の間，二人は楽しい会話をしたと思うし，（中略）なかなおりしているということがわかります。かたつむりくんは４日もかかったのは，ぜんそく力で走ったのだと思うから，かたつむりくんにとっては４日ははやいと思っているのかなあ，と思ったので，このばめんがすきです。

　交流していくなかで，「うっかり」手紙を渡したのかどうか議論になった。

Ｃ１：かえるくんは，「うっかり」渡していないと思います。「わざと」やと思います。幸せな気もちで４日間待てるようにしたんやと思います。
Ｃ２：でも，かえるくんは大急ぎで書いて外に出てるから，慌てていたんやと思います。
Ｃ３：ぼくもそう思います。かたつむりくんが来るの遅いとわかってたら，何回も窓の外を見なかったと思うから，やっぱり「あれ，まだこない」と思って窓の外をのぞいていたと思います。だから，「うっかり」やと思います。
Ｔ　：じゃあ，やっぱりかえるくんは「うっかり」渡したんだね。でも，届くのが遅くなったことで，お話はおもしろくなったんだよね。幸せな気もちで二人で待てたんだよね。でも，かえるくんは「うっかり」渡したんだね。
Ｃ４：あっ，作者や。作者が「わざと」そうしたんやと思います！
Ｃ　：（口々に）あ〜。ほんまや。なるほど。

　かえるくんは「うっかり」なのか「わざと」なのかを考えていくなかで，ユーモアや幸せな時間を作り出す作者の存在に気づくことができた。
　その後，かたつむりくんの立場に立たせ，かたつむりくん自身はお手紙を配達したことをどのように捉えているかを考えるようにした。すると，「つかれていたけど，うれしかった」「やりきったと思っている」「人の幸せが自分の幸せだと思っている」といった意見が多くあり，みんなが幸せになる結末を迎えたと考えていた。

> 私はかたつむりくんは幸せだったと思います。なぜなら，かたつむりくんは，みんなに足が遅いので「のろま」と思われていると思います。だから，あまり仕事は頼まれないけど，かえるくんに仕事を頼まれたので幸せになり，また，がまくんの家に着いたときに，がまくんがよろこんでくれたので，すごく幸せになったと思います。

第三次第11時〜第12時 「お気に入りの話はね」

　自分のお気に入りの作品を選び，なぜそれがお気に入りなのかを書き，紹介し合った。次の学習者は，登場人物の性格や「ユーモア」に着目していた。

> お気に入りの作品…「なくしたボタン」
> 　なぜなら，かえるくんは，ボタンをいっしょうけんめいさがしてあげているし，あらいぐまやすずめもボタンをさがすのを手つだっているし，がまくんもさがしてくれたかえるくんに見つかったボタンをぜんぶぬいつけたうわぎをかんしゃの気もちであげているからです。ここに出てくるとう場人ぶつは，みんなやさしいからです。／それに，「あつくない」や「円くない」など，がまくんのボタンにどれか１つがあてはまらなくて，がまくんのボタンじゃないボタンがつぎつぎと見つかるのがおもしろいからお気に入りです。

　このように，登場人物の行動から人物像を捉えている。そして，互いにやさしい気持ちをもっているという関係性にも気づくことができている。また，いろいろなボタンは見つかるが，がまくんのボタンではないという展開で話が進むユーモアも捉えることができた。

❺ まとめ

　本単元は，二人の関係やかたつむりくんの存在に着目し，比較する活動を取り入れることによって，より人物像をふくらまし，作品を想像豊かに味わうことができた。また，作品世界から少し離れ，ユーモアを意図的につくっている「作者」の存在に気づくこともできた。

（日野朋子）

この授業のポイント　「比較」の思考活動を充実させることにより
児童を想像豊かな〈読者〉に育てる

①発問の工夫

　日野氏は，がまくんとかえるくんの気持ちを問うのではなく，常に心情や行動の描写から登場人物を比較することにより，人物像を膨らませ，作品を想像豊かに深く読み取らせている。

　第６時では，かたつむりくん以外の他の配達者の選択肢を用意することで，３人の言動から誰に届けてもらうのが一番良いのかを学習者は深く考えている。初発の感想の段階では，「どうして，足の遅いかたつむりくんに頼んだのか？」と疑問に思っていた学習者も，かたつむりくんだからこそ，二人でゆっくり幸せな時間を過ごせたことに気づくことができている。また，そこが作品のおもしろいところでもあることにも気づくことができている。

　第10時では，「かえるくんやがまくんは幸せ？」と問うのではなく，「かたつむりくんは幸せ？」と問うことにより，二人の幸せそうな姿から，かたつむりくんの気持ちも想像させることができている。

②シリーズ化した作品へ

　本教材だけでは，第５時の「がまくんって，○○な人」での発問の際，どうしても，がまくんに対して否定的な感情を描く学習者が多いだろう。しかし，日野氏が選んだ４作品には，がまくんのかえるくんを思いやる優しい言動がたくさん描かれている。その複数作品を並行で読み進めることにより，学習者は「がまくんの優しさ」にも気づくことができたのであろう。また，比較する授業を展開した結果，学習者は，他のシリーズ作品で自ら作品を読み進め，自ら作品の世界を想像する〈読者〉へと育ったと考える。

　　　　　　　　　　　　　　　　　　　　　　　　　　　（池上幸子）

● 授業実践 ●

8 作品世界を創る〈読者〉に育てる
【4年「ごんぎつね」】

❶ 〈読者〉に育てるための本教材のキーとなる表現

　『ごんぎつね』という物語を貫く重要なキーワードは「ひとりぼっち」という言葉である。ごんがひとりぼっちのさみしいきつねであることは，第1場面の前半で明らかになる。この場面でごんの「ひとりぼっち」のイメージを豊かに読み広げることが，後の展開で兵十の境遇に共感し，つぐないをするごんの姿を読み深めることにつながってくる。またこの物語は，すれちがっていた二人が，ごんの死をもってわかり合うという結末を迎える。この「すれちがい」は，第1場面の後半にごんがうなぎを持ち帰ってしまうことがきっかけで起こる。結末を読んだとき，読者は第1場面で起こったこの些細なすれちがいにさかのぼり，思いをめぐらせるだろう。
　このように，第1場面には物語の展開や結末を読み深めるためのしかけがあることがわかる。したがって，本実践では第1場面に焦点化し，他のテクストを持ちこむことで作品世界のイメージを豊かにする授業を行った。
　まず，「ひとりぼっち」のイメージを豊かにするために着目した表現は「小ぎつね」である。立石泰之は，『手ぶくろを買いに』に登場する「子ぎつね」と，「小ぎつね」であるごんとを比較すれば，ごんが子どもではない設定で描かれていることがわかると述べている[1]。そこで本実践では，同一作者の作品の『手ぶくろを買いに』を持ちこみ，「小ぎつね」と「子ぎつね」という表現を比較し，ごんの人物像や境遇のイメージを膨らませた。
　さらに「ひとりぼっち」というイメージを豊かにするために，植物の「しだ」という表現に着目し，辞典類を活用してしだの生息する環境を調べた。

ごんの住んでいる環境のイメージを具体化することがねらいである。

　次に、「すれちがい」のイメージを豊かにするにあたっては、ごんと兵十の行動を正確に読み取る必要があったため、場面を絵図化する活動を行った。二人の行動を捉えるきっかけとなるのが「川下」という言葉である。「川下」という言葉を辞書を活用して調べることで、その場所のイメージが膨らみ、他の情報と関連づけて読みはじめるきっかけとなる。そこから、すれちがっていく二人の様子に焦点化しイメージを膨らませた。

　このように、他のテクストを持ちこむことでイメージを豊かにし、作品世界を自分で創り上げていく力強い読者に育てることを目的に授業を構想した。

❷ 単元の目標

○場面の移り変わりに注意しながら、登場人物の性格や気持ちの変化、情景などについて、叙述をもとに想像して読むことができる。

❸ 学習指導計画（全8時間）

単元名　いろいろな読み技を使って、ごんの気持ちの変化を読みとろう
第一次　①ごんを一言であらわそう。
　　　　②物語やごんの設定を読み、なぜいたずらするのかを考えよう。
第二次　③第1場面のごんと兵十のすれ違いを読みとり、日記を書こう。
　　　　④第2場面と第3場面の間のごんの様子を考えよう。
　　　　⑤第3場面でごんの「持っていったもの」「持ち方」「置き方」「場所」に着目して、気持ちを読みとろう。
　　　　⑥第4・5場面のごんの心の奥を読みとろう。
　　　　⑦第6場面で、兵十の後悔やごんの気持ちを読みとろう。
第三次　⑧「ごんぎつね」の続き話を書こう。

なお，本単元は多様な読み方を一単元の中で組み込むことを構想している。本稿で取り上げているのは，多様な読み方の1つとして他のテクストを持ちこんだ第2時と第3時の実践について述べる。

❹ 授業の実際

● 「ひとりぼっち」というイメージを創る授業
同一作者の作品を比較してイメージを広げる

　新美南吉の作品『手ぶくろを買いに』に登場するきつねは「子ぎつね」であり，『ごんぎつね』のごんは「小ぎつね」と表現されている。その点に着目して読むことで，ごんの人物像やひとりぼっちのイメージも膨らむと考えた。以下は，そのときの逐語記録である。

逐語記録（C：児童，T：教師）
T　：「子ぎつね」「小ぎつね」で何か違いはありそうですか。
C1：『てぶくろをかいに』の方は，「子どもの子」で，子どもっていう意味で，『ごんぎつね』の方は「小さい」という字だから，子どもかどうかはわからないけど，体が小さいきつねだと思う。
T　：人間のことよく知ってるのはどっち？
全員：ごんぎつね。
C2：『てぶくろをかいに』の方は，子どものきつねで，初めて人間に出会ったきつねです。
C3：『ごんぎつね』の13ページの2行目から4行目に，「お百姓」とか「お歯黒」って書いてある。
C4：C3に付け足して，お歯黒をつけているのがわかるから，ごんぎつねはずっと村とかに出ていて…8ページの後ろから1行目のところに，畑へ入って芋を掘り散らしたりって書いてるし，菜種がらのほしてあるのに火をつけたり，とんがらしをむしりとっていたりしているから，なんか，よく村に行ったり来たりしているのがわかるからです。

C5：10ページの場面で，<u>見ただけで兵十だとわかっているので，普段から村に出ていることがわかる</u>からです。

C6：<u>顔を見ただけで人間の名前を当てるし，葬式があったときにちょっとしたことで村に何かあるんだとわかっています</u>。秋祭りだったら，太鼓の音や笛の音とか宮ののぼりとか，そういうことは<u>経験してないとわからないはず</u>なので，ごんぎつねは昔から村に行ってると思います。

　下線部は，ごんの人物像について，新たな気づきがあった部分である。このように，「子ぎつね」と「小ぎつね」を比較することで，ごんが子どもではなく青年であるにもかかわらず，ひとりぼっちで生きてきたため，体が小さく育った境遇をもっていることを読みとることができた。

辞典類を活用してイメージを広げる

　「しだのいっぱいしげった森の中に，あなをほって住んでいました。」という叙述に着目して，ごんの境遇を読みとった。「しだ」を辞典類（辞書や辞典）で調べてみると，「日かげや暗い場所に生息する」「じめじめした場所を好む」ことが分かった。しだが生息する環境が，ごんの住んでいる環境にそのまま直結し，より一層ひとりぼっちのごんの境遇をイメージ豊かに読むことができた。これらの情報は，他のテクストを持ちこまなければ広がらない読みである。このように「ひとりぼっち」のイメージを広げた後，「なぜごんはいたずらばかりするのか」を考えさせた。以下，児童の記述である。

①ぼくは，ひとりぼっちだからすると思います。お父さんやお母さんがいなくて，<u>ひとりぼっちで暗い所でずっといたら何もできないから</u>，村へいたずらしに行く。かまってほしい。（R・I）

②わたしは，ごんは<u>さびしいからいたずらをして村の人の心を自分にあびせよう</u>（自分に注目させようの意。稿者注）としていると思う。かまってほしいと思う。（A・I）

③ごんは<u>さびしい</u>からだと思います。理由は，<u>暗い穴でくらしていて，しだがいっぱいしげったところの森の中にいるし，ひとりぼっちでいるから「いたずら」</u>をすると思います。（A・O）

第1章　文学教材編　辞典類を活用した読むことの授業づくり　73

④<u>一人ぼっちでひまでさびしいから。かまってほしいからです</u>。それに日かげで暗くて冷たかったら，ぼくだったら一人じゃさびしくてちょっとこわいです。
　（K・Y）

　下線部をみると，ほとんどの児童が「ひとりぼっち」と「いたずら」の関係性に気づいており，自分なりの解釈をつけてごんの「ひとりぼっち」という境遇を想像することができた。また，④の波線部には，ごんの境遇に自分を置き換えて感じたことが書かれいる。このように，他のテクストを持ちこむことでイメージが広がり，自ら作品世界を創り上げることができた。

● 「すれちがい」の場面のイメージを創る授業
辞典類を活用し，イメージを広げる
　第1場面の後半，ごんが兵十にいたずらをする場面は，場面設定や登場人物の動きが複雑であるため，順序立てて二人の行動を整理し，絵図化する方法をとった。児童と整理した二人の行動は以下の通りである。

> ①村の小川のつつみまで出て，川下のほうへとぬかるみ道を歩くごん
> ②草の深い所へ歩きよって，そこからじっとのぞいているごん
> ③はりきりあみをゆすぶっている兵十
> ④うなぎやきすをびくの中へぶちこみ，そのびくを土手に置く兵十
> ⑤川上の方へかけていく兵十
> ⑥ちょいといたずらがしたくなったごん
> ⑦びくの中の魚をぽんぽん投げ込んでいるとき，うなぎが首にまきついてしまうごん
> ⑧「うわぁ，ぬすっとぎつねめ。」とどなり立てる兵十
> ⑨うなぎをふりすててにげようとしたが，そのまま横っ飛びに飛び出してにげるごん

　まず，「①村の小川のつつみまで出てきて，川下のほうへとぬかるみ道を歩くごん」の行動について考える際，「川下」という表現に着目した。辞書で調べると，「川下」とは「川の水の流れ下る方」「川口に近い場所」であることが分かり，そこからごんの前後の行動を推論させた。話し合いでは，「ご

んが山の中に住んでいること」と「川は川上から川下へ流れる＝川は山から流れてくること」を関係づけ，ごんは川上から歩いてきたと児童は考えた。また，辞典を使ってうなぎやきすの生息する場所が川口であることを調べ，叙述との整合性を確かめる児童もいた。このように，辞書を活用することで新たな情報を取り入れ，叙述と関連づけてイメージを広げることができた。

児童はこの後も話し合いを続け，図１のような図を完成させた。児童は，うなぎがごんの首に巻きついて離れなかったことや，うなぎを食べずにあなの外の草の葉の上にのせておいたことから，ごんが仕方なくうなぎをもってきてしまったことを読みとった。さらに児童は，絵図化した図の⑤と⑦に着目して，二人の距離が離れており，ごんが「うなぎを盗んだように見えた」ことがすれ違いのきっかけであると考えた。

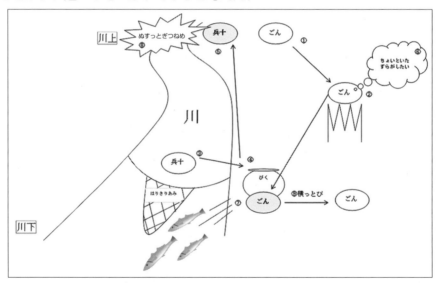

図１　第１場面でごんが兵十にいたずらをする場面の図

このように，辞典類を活用しながら場面の絵図化をした後，ごんになりきってその日の日記を書かせた。以下，児童が書いたごん日記である。
①兵十に「うわあ，ぬすっとぎつねめ。」といわれました。わしは，ただいたずらがしたくなっただけでぬすもうとしたわけではないのに，兵十に，「ぬすっとぎつね」

と言われてしまった。兵十はかんちがいしていると思う。ぼくは悪いことをしたのかな。（Y・I）
②今日は、いたずらする気だったのにかんちがいされちまった。わしがうなぎをかまなかったらよかったかもしれないなぁ。（H・K）
③わしがうなぎもにがそうとしたときに、ちょうど兵十が気づいたからわしがうなぎをぬすんだと思ったんだな。兵十はかんちがいをしているのに。（R・E）

　下線部を見ると、児童はごんと兵十の「すれちがい」を兵十の「かんちがい」という言葉で捉えていることがわかる。辞書を使って場面の様子のイメージを広げたことで、二人がどのようにすれちがっていったかということに焦点化し、読み深めることができた。

❺ まとめ

　今回取り上げた「小ぎつね」「しだ」「川下」という３つの表現は、児童も知っているつもりになっている言葉である。そこに改めて着目し、「同一作者の作品」「辞典類」を活用して新たな情報を取り入れることで、教材の世界観を広げることができた。今後も教材の特性やイメージを豊かにする表現に着目し、他のテクストを持ちこむことで、作品世界を自分で創り上げていく力強い読者に育てていきたい。

（小川洋子）

（注）
1　立石泰之『国語科重要教材の授業づくり　たしかな教材研究で読み手を育てる「ごんぎつね」の授業』明治図書（2015）, p.18

この授業のポイント

ごんぎつね

　本実践では，読み深めるためのしかけがある第１場面に焦点化して，辞典類と同一作者の作品を他のテクストとして取り入れている。辞典類を活用するにあたっては，「小ぎつね」「しだ」「川下」という３つの表現に着目し，重要なキーワードである「ひとりぼっち」「すれちがい」を，確かな読みとともにイメージ豊かに読み広げている。

①同一作者の他作品と比べ，イメージを具体化する

　「小ぎつね」と「子ぎつね」の違いを捉えるために，『手ぶくろを買いに』を取り入れている。「体の小さいきつね」と「子どものきつね」という言葉の意味の違いで終わることなく，ごんの人物像に加えて，ごんの置かれている境遇を読み取っていることが，授業記録からわかる。さらに，「しだ」に着目し，辞典類から得た情報で，ごんの住んでいる環境がイメージ化できている。その結果「ひとりぼっち」で寂しいから「いたずら」をするという根拠をもった読みに結びついている。

②絵図化を取り入れ，「すれちがい」のイメージを広げる

　ごんがいたずらをする場面での位置関係をはっきりさせるために，二人の行動を順序立てて整理し，絵図化する方法を取り入れている。その際にも，「川下」に着目して辞典類を活用し，ごんが兵十にいたずらをする場面の絵図を完成させている。ごん日記には，勘違いされてとまどっているごんの気持ちがよく表れていて，イメージの広がりがわかる。

　「小ぎつね」「しだ」「川下」は，表面的な意味の理解であれば，辞書を使う必要のない語句である。本実践では，そのような語句に着目し，辞典類で調べ，新しい情報を得る機会としている。また，他の作品を扱う場合は，作品全体を対象に，登場人物・結末・主題等を比べることが多いが，ここでも「小」と「子」を比べる観点としている。言葉の意味や表現を大切にして作品を深く理解することのできる〈読者〉をめざしていると感じた。（吉田伸子）

● 授業実践 ●

9 多様な交流学習を用いた宮沢賢治作品の比べ読み
【6年「やまなし」】

❶〈読者〉に育てるための本教材のキーとなる表現

●宮沢賢治作品の価値―比べ読みにより作者像に迫る―

　本教材「やまなし」は，「二枚の青い幻灯」として写し出された「五月」と「十二月」の２つの場面で構成されている。「五月」ではかにの兄弟がかわせみによる恐怖や不安にさらされながらも，「十二月」では静かで平和の喜びに満ちた豊かな世界に浸る様子が，会話や情景描写，比喩・擬声語・擬態語・造語の中で繊細に描かれている作品である。

　宮沢賢治作品の価値について，イーハトーヴ国語教育研究会の吉田修（1998）は，視点を変えて情景を味わうこと，１つの作品だけでなく作品を重ねて読んでいくことで表現上の特徴や主題へと意識が向かい，宮沢賢治という人間像を思い浮かべることができると指摘している[1]。つまり宮沢賢治作品の豊かな表現は，教科書教材「やまなし」だけでなく様々な作品を読み，作者の人生と照らし合わせながら主題を読み取ることが重要である。

●読みを広げる比べ読み

　様々な作品を通して主題を読み取るために，本実践では賢治作品の比べ読みを行った。比べ読みの作品の選定条件として，作品内容と「やまなし」との共通点に気づきやすいものであること，限られた指導時間の中で読書量が負担にならない比較的短編作品であることを条件に，「畑のへり」「野ぶどうと虹」[2]「雨ニモマケズ」の３作品を設定した。「畑のへり」は，カエルが地面から見上げる視点で描かれており，カエルより大きな動物，ヒト，トウモロコシ畑の様子を滑稽に表現した作品である。小さな動物の視点から見た世

界の表現という点が,「やまなし」と共通している。「野ぶどうと虹」は,野ぶどうと虹の会話から,あらゆる物は流転し変化し崩れていき死から逃れることはできない,その中で謳われる自然の美しさという,宮沢賢治の思想の根幹を表現している作品である。「生と死」をテーマとしている点が,「やまなし」と共通している。「雨ニモマケズ」は,作者の生き方,人生観を記した短編詩である。作者は,どのような人生を送り,どのような思想をもっていたのかという,作者像そのものを意識することに効果的である。

　このような学習活動を通して,教科書教材「やまなし」から離陸し(一旦離れ),比べ読みによって宮沢賢治作品の世界に触れる。読みの世界観を広げるだけでなく,既習の「やまなし」との共通点を探すことによって,再び「やまなし」に着地するという学習活動を展開する。

● **作者の思想を考える〈読者〉に育てる**

　第6学年の児童は,これまでの読書活動でたくさんの本に触れてきているが,読書に対する意欲や読書量という面では個人差が大きい。普段の読書の様子を観察すると,漫画本やライトノベルを読む児童も多い。自ら目的や意図をもって読書をしているとは言い難い状況にある。今回の実践を通して,教科書教材の学びと普段の読書が乖離するのではなく,関連図書を読むことで複数の作品から共通点を見つけ,作者の思想について考えを深めるような〈読者〉に育てていきたい。

❷ 単元の目標

○教科書教材「やまなし」に加え,「畑のヘリ」「野ぶどうと虹」「雨ニモマケズ」を読むことを通して,宮沢賢治作品の価値観(自然の厳しさと恵み,命の平等性,他者のために生きるなど)を捉えることができる。【読むこと】
○交流を通して自己の考えを広げ,「やまなし」と他の作品を比較・関連付けながら,「宮沢賢治が作品を通して伝えたいことは何だろうか」という課題に対して作文を書くことができる。【書くこと】

❸ 学習指導計画（全8時間）

　単元名　宮沢賢治作品の世界を深く味わおう
　中心課題　宮沢賢治が作品を通して伝えたいことは何だろうか
第一次　教科書教材である「イーハトーヴの夢」「やまなし」を通読し，初発の感想を交流する
　①「イーハトーヴの夢」を読み，宮沢賢治の生き方や人生の出来事について感想を交流しよう。
　②「やまなし」を初めて読んだ感想を書こう。
第二次　「やまなし」の学習を進め，同時に朝読書の時間を活用して，「畑のヘリ」「野ぶどうと虹」「雨ニモマケズ」の比べ読みを行う
　③表現に着目して「五月」の谷川の情景を想像しよう。
　④表現に着目して「十二月」の谷川の情景を想像しよう。
　⑤「五月」と「十二月」を比べて読み，宮沢賢治が作品を通して伝えたいことは何か考えよう。
第三次　自分が担当する作品を選択し，専門的に読みを深め，各作品の特徴を交流し，作文を書く
　⑥宮沢賢治が作品を通して伝えたいことは何だろうか。話し合いながら自分の考えを整理しよう。
　　　Ａ「畑のヘリ」Ｂ「野ぶどうと虹」Ｃ宮沢賢治「雨ニモマケズ」
　⑦宮沢賢治が作品を通して伝えたいことは何だろうか。話し合いながらみんなの考えを交流しよう。
　⑧宮沢賢治が作品を通して伝えたいことは何だろうか。最終的な自分の考えを作文にしよう。

❹ 授業の実際

第一次第１～２時

　「イーハトーヴの夢」「やまなし」を通読した後の初発の感想は，次に示すようなものが見られた。宮沢賢治の生き方，言葉の難しさに関する感想が多かった。

> ○自分のことより人のことを大切にする人。「デクノボー」って何だろう？
> ○「クラムボン」は何をたとえていたのですか？

　また，「宮沢賢治が伝えたいことは，『やまなし』を読むだけで十分わかるだろうか」という質問を児童に投げかけると，「わからないと思う」と答えた。そこで，3作品の比べ読みを通して宮沢賢治が伝えたいことを見つけていく学習活動を，単元全体を通して位置づけることにした。

第二次第３～５時

　第二次の開始と同時に，朝読書の時間と宿題を活用して，「畑のヘリ」「野ぶどうと虹」「雨ニモマケズ」の比べ読みを行った。

　第二次の学習を通して，「やまなし」の世界には，「争いや災害のある世界」と「平和な世界」の2つが描かれており，それぞれの象徴となるものが「かわせみ」と「やまなし」であると児童は考えた。「やまなし」の特徴である対比を捉えることができていた。

第三次第６～８時

　第三次では，「やまなし」から離陸し，比べ読みをした3作品について，考えを交流した。

　第6時間目は，作品から考えた読みを生活班4人で交流し，考えを深めた。作者像への意識が認められる対話の様子を次に示す。

（6時間目，宮沢賢治の人生への意識が認められる対話の一部抜粋）
Ｃ：<u>人の大切さ，植物を大切にする，自分も全てを大切にする</u>ということを

伝えたかったと思います。
C：「雨ニモマケズ」は，たぶん宮沢賢治が病気の頃の話だと思います。
C：「病気の人あれば行って看病してやり」とあったので，人を助けるということが伝えたいと思います。
　この対話では，宮沢賢治が作品を通して伝えたいことについて，人生と比較しながら考えている。対話の様子から，動植物を大切にする，人を助けるといった考えに至っていることがわかる。児童は，「もっと話し合いをしたい」と積極的な姿勢を見せていた。

　第7時は，引き続き交流を行い，作品間の共通点を探していった。
（第7時の対話の一部抜粋）
C：「雨ニモマケズ」の強い身体と心は，いろんな命を大切にしなければならないってことなんじゃないかな。
C：平等で，だから「畑のヘリ」とか「野ぶどうと虹」では人間だけじゃなく動物とかで書かれている。

C：僕は虹目線で書いているところが「やまなし」と同じって書いた。人間の命と，動物や植物の命の重さは平等ってことを言いたいと思った。
　前時の「動植物を大切にする」という考えから，対話を重ねることで「命の平等性」という高次な考えに至っていることがわかる。またその根拠が，「畑のヘリ」「野ぶどうと虹」にも書いてあると認識していることから，3作品の内容を読み合わせて主題に向かっていると考えられた。さらに，「野ぶどうと虹」の虹目線で書かれていることが，「やまなし」のかにの目線で書かれていることと共通するということも見つけることができていた。

　第8時は，学級全体で横断的に考えを交流することで，「宮沢賢治が作品を通して伝えたいことは何だろうか」という課題に対する自分なりの最終的な考えをもたせた。以下に示すのは，複数の作品の共通点について，具体

な言葉に着目している場面の対話の一部抜粋である。
（第8時，全体交流での対話の一部抜粋）
C：「畑のヘリ」の，とうもろこしの毛が「青白いほのおで燃え上がった」
　という表現は，「やまなし」でも「青白いほのおをゆらゆらと上げた」
　という表現があって，似ていました。
T：「畑のヘリ」に注目したからこの表現見つけたんだって。
C：「野ぶどうと虹」でも「青白いほのお」が使われ
　ていました。
C全員：ええっ？本当だ！（驚き，文章を探す）

　「青白いほのお」に関する対話から，児童は全ての作品に「青白いほのお」という表現が使われていることを発見した。自然災害を中心とした大変な人生を送った作者の思いが，様々な色によって作品上に表現されていることが，宮沢賢治作品の特徴であるという考えに至った。最後に単元のまとめとして，宮沢賢治が作品を通して伝えたいことは何だろうか，という課題で作文を書いた。児童の作文例を以下に示す。

　宮沢賢治は，人それぞれ自分の意見や考えをもつことが大切っていう事を伝えたいんじゃないかなぁと思いました。私は「畑のヘリ」でかえる目線で書いてあったりしたからそう思いました。みんなの意見を交流して，みんなの存在の価値が平等だったり，命の事や宮沢賢治の人柄とかもいろいろわかって良かったです！　宮沢賢治「やまなし」は一年前に妹が亡くなってかなしみのドン底で書いて，ピカソみたいに気持ちがブルーになっていたから「青」とか「青白い」とかの言葉が使われたんじゃないかなぁと思いました。

宮沢賢治が作品を通して伝えたいことは何だろうかという課題に対して学習者が書いた作文例

　作文を書いた児童は，対話を繰り返すことで，「野ぶどうと虹」について交流した「存在の価値が平等」という考え，妹の死と「やまなし」との関係性に着目することができている。加えて児童が独自にもっていたピカソに関

する知識と，宮沢賢治の共通性について言及している。そして学級全体で交流し発見した，比べ読み作品全てに「青白い」という表現が使用されていることについても記載している。このように，作品と宮沢賢治の人生と比較することで，「命」を表現しているという考えに至る児童が多かった。

❺ まとめ

　本実践は〈読者〉に育てるために，賢治作品の比べ読みを行った。それぞれの作品から読み取った考えを，積極的に交流することができた。児童は学習を進めるにつれて，作者の書き方の特徴や思想について考えるようになった。「やまなし」を離陸した児童は，比べ読みによって考えを広げ，再度「やまなし」と比較することで考えを深めながら「やまなし」を書評的に読み直すことができた。
　一方本実践の課題は，比べ読み作品の選定であったと考える。第６学年という発達段階も考慮すると，より長編の作品をじっくり深く読ませる必要がある。教科書には賢治作品の関連図書として，「銀河鉄道の夜」他９つの作品が掲載されているため，それらの作品から選定させたい。加えて，児童が読む作品を選び，その作品を紹介・評価する型の「書評」活動も取り入れ，〈読者〉へと育てる手立てを考案し，具体化していくことを今後の課題としたい。

（髙木富也）

（参考文献及び注）
1　吉田修（1998）「作品の魅力を味わい自分の生き方をみつめる」白石範孝・岩手・花巻イーハトーブ国語教育研究会『子どもが読む宮沢賢治の世界―賢治作品で授業をつくる―』東洋館出版社，pp.10-13.
2　原題は「めくらぶどうと虹」であるが，不適切な表現でもあり，本文の内容とともに児童には改めたものを提示したい。
＊本実践は，稿者が兵庫教育大学大学院在籍中に，兵庫県三木市立三樹小学校第６学年藤原正徳学級にて実践・研究したものである。

この授業のポイント

やまなし

　宮沢賢治の作品は魅力的である。なかでも「やまなし」は賢治作品の特徴的な表現が数多く見られ，多様な読み方ができる。賢治の造語や学習者にとって耳慣れない言葉や表現は，全体を読み進めながらイメージ化を図ることで，理解につなげていくことができると考える。

　本実践では，教材から離陸したあとの学習活動は，賢治の他の作品を対象としている。そして，教材「やまなし」への着地は賢治作品の共通点を見つけて作者の思想について考えるという設定である。

①対象とする作品を絞り込み，離陸した後の読みを深める

　「やまなし」から離陸した学習者は，賢治の他の作品と出会う。賢治の作品は，出版されている図書が多いので，読書活動の際のブックリストを作成することは難しくない。短編が多数あり，比較的短い時間で読むこともできる。ただし，内容はある程度理解できても，どれだけ読み深めて，そこに込められているメッセージに迫ることができるかがポイントである。

　本実践では，第三次で扱う作品を３点に絞り込んでいる。さらに，担当する作品を決め，専門家グループで話し合うことで読みを深める場を確保している。

②他の作品との比較で，読みを交流する

　専門家が混じり合う話し合いとそのあとの全体交流は，複数の作品を比べて読みを深める場である。こうした学習を取り入れることで，各自の読みが確かめられ，比べる際の観点も見つけられている。全体交流も活発に行われ，読みが深まっていることが，授業記録からわかる。

　多様な交流学習で鍛えられた学習者は，「やまなし」へ再びもどり，作者の思想について考えるという深い読みに結びついている。この学習経験が他の賢治作品や他の作者の作品を対象にした場合でも生かされ，自立した〈読者〉に育っていくことが期待できる実践である。

（吉田伸子）

第2章

説明文教材編
辞典類を活用した
読むことの授業づくり

● 授業づくりのポイント ●

1 自立した〈読者〉に育てる説明的文章の授業づくり

❶ 説明的文章の〈読者〉

　私たちが生活する社会は，多種多様で膨大な量の説明的表現（文章）で溢れている。仕事で処理すべき文書の類い，学業のため読まねばならない文献，そしてネット上の言説。それらに私たちは1人の読み手として対し，あるものは捨て，あるものは積極的に活用しながら日々の生活を営んでいる。こうした読みの行為は，今後ますます求められるようになるだろう。

　目にする様々な情報を，自己の問題意識との関連で主体的に読み解き，不足している情報があると判断すれば適切な情報資源にアクセスできること。得られた情報は目的に応じて統合したり加工したりし，意図に即した表現として産出すること。こうした一連の行為を自力でできるようになることが，これからの生活においてはいっそう重要になる。情報の伝達を旨とする説明的文章の読み手（読者）として求められる姿，像であるとも言える。

　教室の説明的文章の授業でも同様に捉えたい。教材文にある情報の内容，質を自覚的に識別し，自分にとってどのように有用か価値付け意味づけること。得られた情報・認識内容をもとに新たな自分の考えを創造すること。このような読書行為を身に付けている読者（＝自立した読者，以下〈読者〉）の育成を目指す授業づくりが望まれる。

　こうした説明的文章の読みのあり方は，森田(1989)の評価読み，寺井(2008)のエディターシップの営みとしての読み，PISA調査のクリティカル・リーディング等において積極的に主張されてきた。また吉川（2013）でも，「自立した読者」を説明的文章の学習で目ざすべきとした。そこでは，説明的文

章の学習内容として「自己世界の創造」を設定し，その先に「自立した読者」を位置づけ目標とする構造を示した。ここで言う「自立した読者」とは，当該文章を読み，書かれている内容や書き表され方について論理的に思考し，得られた事柄についての自己の考えや思いを論理的に表現することができる読み手のことである。そうすることによって自分の世界というものを創り上げることができる読み手，学び手のことである。主体的に文章に関わり，自分にとっての新たな意味や意義，価値を創造していく読者を育てるための説明的文章の授業でありたいとした。

　本稿では，こうした説明的文章の〈読者〉に育てるための学習指導のありようを，自力で文章に向かうことの重要性，読みのあり方（読み方）のメタ認知，批判的読み（クリティカル・リーディング）の観点から述べる。

❷ 自らの力で文章に向かう時間と場の設定

　読むという行為は個に始まり，個に終わる。仲間や教師の励ましや助けがあるとしても，最後は自力で読まねばならない。また，そうした手助けにしても学校，教室から出れば期待できるものではない。結局は自分の意志と力で読むしかないのである。説明的文章の自立した〈読者〉になるための第一段階として，主体的に本文に向かおうとする態勢，不十分であっても１人で読み通し自分の考えをもつことができる力を身につけることを挙げておきたい。

　そうした意志と力を育てるために，授業では目的や課題に対して，まずは今ある自らの力で本文に向かい，読もうとする時間と場を保障するようにする。以下，教材「天気を予想する」（武田康男，光村５年）を例に述べる。

● 題名を読むことができる〈読者〉に

　まず題名に意識を向け，題名を読むことができる〈読者〉にする。それも読み始めと読み深め（または読みまとめ）の段階との，できれば２度の題名読みを位置づけてみる。

　読み始めの段階の題名読みは，〈読者〉としての選書行為に通じる。教科書

所収の説明的文章教材を読む必然性は，普通は子どもたちにはない。本教材の場合，理科で天気の学習をしている場合なら，それと関連づけることで目的的に読むことはできるだろう。しかし，そうでなくても，題名からどんな内容か予想し内容をざっとでも読んでみようと考えることは，書店に行くとよくする行為である。題名から内容を予想，推理できる力に培うことになる。

　読み深め（または読みまとめ）の段階での題名読みは，そのように付けた筆者の認識力，表現力は妥当かどうか，本文を批判的に読み直す機会となる。もっと的確だと思われる題名に差し替えることがあってよい。もちろんこのままでよいとすることであってもよい。いずれにしても，その際，既習の説明的文章教材（異学年のものも含む）や既読の科学読み物の題名を思い起こしたり確認したりする学習（教材文からの離陸）を経ての題名の再吟味（教材文への着地）であると，どのような決着になろうと説得力が増す。

●課題（目的）に即して読むことができる〈読者〉に

　ここでいう課題というのは，教材文中にある問いを指す。「○○を作るために読もう」というタイプのものではない。多くの説明的文章教材では，筆者が問題を提示する形で読者に疑問を投げかけて論を展開している。このように本文で筆者が提示している問題を，ここでは読み解くべき「課題」とする。

　たとえば「天気を予想する」には，本論部に３つの小さな問いが出されている。そのうちの２つ目の問いは，「では，さらに科学技術が進歩し，国際的な協力が進めば，天気予報は百パーセント的中するようになるのでしょうか。それはかなりむずかしいというのが，現在のわたしの考えです」である。これを目にした読み手は「なぜ難しいのか」「難しくしている原因は何か」という問いをもつ。そして，その課題の答えを本文から見つけ出すことになる。

　たとえば要因の２つ目としての「局地的な天気の変化」という語句に着目する。自力で本文に向き合うということは，たとえば，この語句に線を引くことができるということである。そこから「『局地的』ということは，とても狭い範囲で天気が変わるということだから，予想することは難しいのだ」

という読み取った内容を書いたり言ったりできるということである。こうして課題を読み解くために、1人で本文に取り組む機会を保障することが、自立して読む力を付けることになる。その際、辞典類等、他のテクストを自らすすんで活用し、「局地的」の意味を確認する読み手、学び手に育てたい。

　このような自力読みの学習は、従来からも1人読みとか、1人学習とか呼ばれて実施されてきた。何も1時間たっぷり充てる必要はない。1時間の授業の導入の5分間だけでもよい。また「課題」についても、文中に筆者が提示した問題だけを「課題」と捉えなくてもよい。なにがしかの課題があり、それに即して、目的に応じてまずは1人の〈読者〉として文章表現に当たる。適宜、辞典や他の文献、テクストを参照する。それらを踏まえた上で、自分の読みをもつ。こうした行為を習慣化することの大切さを再確認したい。

❸ 説明的文章の読み方（情報の読み方）を身につける授業

　説明的文章というのはこういうことに注意して読めばいいのだな、そう自覚できていること、すなわち説明的文章の読み方をメタ認知できていることは、〈読者〉になるための重要な条件である。読み方がわかっていれば、あまり時間をかけることなく、的確に情報や筆者の主張を読み取ることができる。その読み方を教科書の教材文に対してだけでなく、他の図書や文章を読む際にも使ってみる。読み方に自覚的であれば、様々な情報を求め、それらを理解し、自分の中に取り入れることが容易になる。

　「天気を予想する」の場合、特徴的なのはその論理展開である。多くの説明的文章教材は、序論部で問題を提示し、その問題に対する答えや意見・主張を結論部で示すために、本論部で例を挙げながら論を展開する。つまり、全体を統括する大きな問いを立て、説明していく。しかし、本教材にはそうした全体を統括する問題提示はない。代わって3つの小さな問い（「的中率は、どうして高くなったのでしょうか。」他）を立て、1つの問いに対する答えを述べると、「では、…」「それでは、…」とつないで次の問いを出している。

こうした論の展開をよしとする場合もあれば，わかりにくいと感じる場合もあるだろう。この点についての話し合いがなされ，自己の考えをもつことは，批判的読みとしても意義がある。論証のあり方を授業で積極的に意識させるようにしたい。ここでも既習の説明的文章教材を持ち出し，比較して確認する作業が位置づけられるとよい。

❹ 〈読者〉として備えておきたい読みのあり方＝批判的読み

　〈読者〉に育てる説明的文章の授業で指導したい読み方は，批判的読みである。批判読み（都教組荒川教研国語部会：1963），評価読み（森田：1989），批判的な読み（井上：1998），教材を突き抜ける読み（長崎：1997），クリティカル・リーディング（PISA調査）等，繰り返し主張されてきた。
　批判的読みは，森田（1998）の整理にあるように，文章の内容，表現，論理のそれぞれの面で，「どのような（に）？」と問う（確認する）だけでなく，「なぜ（筆者は）そのような（に）？」と問う（評価する）読み方である。玉石混淆の情報を自己の判断に基づいて峻別し，是は是，非は非とはっきりと言える力，根拠を示しながら納得できる理由づけを伴ってきちんと言える力を育てる読み方である。さらには，筆者のものの見方や考え方，主張，表現の仕方（書き表し方）に対し，1人の読み手として自己の考え，意見を述べていく読み方である。吉川（2012）では，こうした批判的読みのあり方を3つの段階（内容，形式を確認する段階，筆者の考えや意図を推論する段階，捉えた筆者の考えや発想について自分の考えを表現する段階）に分けて示した。こうした読み方を志向する批判的読みは，説明的文章の〈読者〉に必須の読み方だと言える。
　では，どのように批判的読みを実践するか。いきなり読むことの授業のすべてを批判的読みに変えていくことは難しい。そこで，本論部を読み取る際に，その事例のあり方に着目し，次頁の図にあるような観点で発問や学習活動をつくる。そして，授業の中のどこか一箇所だけ，一回だけでも，位置づ

けてみる。こうした「ちょっとした批判的読み」の導入を推奨したい。

　図中，上下にある「なぜ，その事柄か」「なぜ，その順序か」を基本的なアプローチとするが，教材の特性や自己の授業技量，子どもたちの読みの力の実態を考え合わせて，どの観点から取り組んでもよい。筆者に向き合い，自己の考えをしっかりともった〈読者〉に育てる批判的読みの授業づくりの手がかりとしたい。
　　　　　　　　　　　　　　　　　　　　　　　　　　　（吉川芳則）

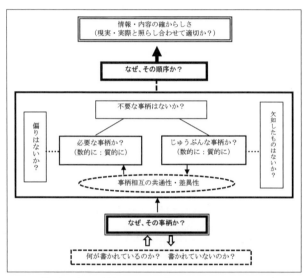

図　批判的読みの対象としての「事柄のあり方」の要素構造

（引用・参考文献）
井上尚美（1998）『思考力育成への方略―メタ認知・自己学習・言語論理―』明治図書
吉川芳則（2012）『クリティカルな読解力が身につく！説明文の倫理活用ワーク　低・中・高・中学編』明治図書，pp.10-17
吉川芳則（2013）『説明的文章の学習活動の構成と展開』溪水社，pp.224-238
寺井正憲（2008）「説明的文章の学習指導におけるリテラシーの地平　―テクストを生産する読者の育成を中心に―」桑原隆編『新しい時代のリテラシー教育』東洋館出版社，pp.101-113
都教組荒川教研国語部会（1963）『批判読み』明治図書
長崎伸仁（1997）『新しく拓く説明的文章の授業』明治図書
森田信義（1989）『筆者の工夫を評価する説明的文章の指導』明治図書
森田信義（1998）『説明的文章教育の目標と内容―何を，なぜ教えるのか―』溪水社，pp.53-61

● 授業づくりのポイント ●

2 情報を活用し，自ら情報を創造する〈読者〉に育てるために

❶ 学習者を〈読者〉に育てる説明文学習のポイントとは

　学習者を〈読者〉に育てる学習の具体化にあたり，読みの第二次段階，第三次段階[1]の改善と，この２つの段階の確かな関連をポイントとしたい。

●第二次段階の改善ポイント

　第二次段階の読みでは，学習者が判断し自らの考えを持てるために，次の点を意図した，教材の表現・内容を吟味する読みの活動を中心とする。

> (1) 説明文を１つの情報（表現・内容）として読む姿勢が身につくように，教材の内容や表現をクリティカルに読む活動を中心とする。
> (2) そのため，情報を吟味し自らの考えを持つ活動が求められる問題を設定する。その際，問題追究の活動の中で，説明されている内容や実証の方法，筆者の意見や主張の確認も合わせておこなっていくという捉えで，学習を進めるようにする。
> (3) 第三次段階の教材に関連する読書の方向を見定められるようにする。そのため，学習者が，文章の表現・内容に立ち止まり，自ら追究する問題を見つけ吟味する学習活動に焦点化していく。

●第三次段階の改善ポイント

　第三次段階の読みでは，重ね読み，比べ読み，発展読み，調べ読みが中心となるが，このような読書活動を通して，学習者が教材の内容・表現に関連して，自分の考えを形成・交流できることを求めたい。その際に次の点を明

確にした学習活動とすることがポイントとなる。

> (1) 何のために教材に関連する読書活動を行うのか，第二次段階での読みから得た自らの追究問題を確かに持てていること。
> (2) 関連する読書活動では，教材の内容・表現をどう広げ深めるのか（何処へ向かい着地するのか）を意識化した読書活動を行わせたい。
> (3) さらに，着地の際にどのような表現活動として自分の考えを形成し交流するのかについて，見通しを持てていること。

このような改善ポイントを確かにするためには，第三次での教材に関連する読書活動を通して考えを深めようとする観点を定めておく。そして，そのために第二次段階で教材の内容・表現の何をどのように，問題として吟味する読みを行うかを明確にする教材研究・授業計画が求められる。

❷ 具体的な説明文の学習デザインを例として
〈教材―「平和のとりでを築く」（大牟田稔　光村図書６年）の場合―〉

●第三次段階での追究問題の設定を考える

教材「平和のとりでを築く」を読み，読者としてどのような問題に対して考えを持つことができるかについて検討してみよう。

教材文の説明の展開を確かめる

平和のとりでを築くための事例としては，「原爆ドーム」のみが取り上げられている。そして「原爆ドーム」が「心に平和のとりでを築く」ための「世界遺産」として，未来に向かって大切に保存していくことになるまでの経過が述べられている。このように，説明には時間軸があり，過去から現在へそして未来につなげるという論の進め方が用いられている。この時間軸に沿って構成表にまとめる。

〈現在〉
①広島市には、そのままの形で今日まで保存されてきた「原爆ドーム」とよばれる建物がある。
〈過去〉
②広島に投下された一発の原子爆弾により多くの命が奪われ、物産陳列館も、傷だらけの建物となり「原爆ドーム」と呼ばれるようになる。
③戦争まもないころの広島では、「原爆ドーム」を保存するかどうかで論議が続いていた。1960年「一人の少女の日記がきっかけ」となり市民の意見が保存に固まり、「永久保存」に立ち上がった。
④新聞やテレビで保存の必要が伝えられ、全国から保存を願う手紙や寄付が次々と届けられるようになった。その後、今の形を保っている。
⑤1992年ユネスコの世界遺産条約に加盟した直後から、広島では「原爆ドーム」を「世界遺産」にという動きが高まり、全国へと広がる。
⑥原爆ドームが、「世界遺産」の候補として審査を受けるようになったとき、私（筆者）はちょっぴり不安を感じる。
⑦しかし、「世界遺産」に決定したときには、世界の人々の平和を求める気持ちの強さを改めて感じる。
〈未来〉
⑧「未来の世界で、核兵器はむしろ不必要だと、世界の人々に警告する記念碑。見る人の心に平和のとりでを築くための「世界遺産」なのだ。

このように、本教材では、「平和のとりでを築く」ためにはどうすればよいかについて、複数の事例をあげ、「平和」についての考えを深める論の展開をとっていない。そのため、題名にも示されている表現の「平和」を取り上げ、関連読書により自分の考えを深める活動をする場合は、「平和」について考えを広げる学習活動が主となる。

ここでは、教材の内容・表現から、教材の読みと関連を図り、自らの考え

を広げ深めるため,「遺産」(遺産:前世代の人が,現世代の人に残したもの,こと)という言葉を読みの離陸・着地の表現として定める。「遺産」という言葉の意味合いとして,今の私たちに遺されたものというという意味合い(過去→現在)と今の私たちが,次世代に遺したいもの(現在→未来)ということも考えられる。さらに,過去の遺産を今の私たちが守り次世代に残していくということも考えられる(過去→現在→未来)。「原爆ドーム」はこの意味合いを持つ「世界遺産」に当たる。

　第三次段階では,関連読書活動によるいずれかの問題の追究を計画する。

---

① 「世界遺産」の中で,一番未来(次世代)に向けて遺産として大切に守りたいものは何か,自分の考えをまとめ交流し合う。
② 「世界遺産」にはなっていないが,未来(次世代)に向けて遺産として大切に守りたいものは何か,自分の考えをまとめ交流し,考えを深める。

意見文を書くときには,「平和のとりでを築く」の発想(観点)を借りて自分の意見を持ち,「遺産」についての見方や考え方が深まる書く活動を目指したい。そのため,次の点を教材文との関連でおさえておく。

ア 「○○は,…(世界)遺産なのだ。」(教材文の表現)を活用する。
イ 過去→現在→未来という時間軸を論展開の基本とする。

● 第二次段階での追究問題の設定を考える

　先に述べた読書活動につなぐため,第二次段階の教材文を吟味し読む活動で,どのような内容・表現についての問題追究を計画するか検討する。
具体的な問題追究を想定する(教材文の内容・表現を吟味する読み)
　①何について説明しているのか
　　ア 「原爆ドーム」が世界遺産となったこと,その意義,価値。

イ　世界遺産のこと—「人間の歴史に大きな役割を果たした文化遺産」
　　　　　　　↕「平和のとりでを築く」（未来）
<u>「原爆ドーム」→人間の歴史に大きな役割を果たすための文化遺産（未来）</u>
②時間軸の展開が有るか無いか
　　ア　「過去－未来－現在」の展開がある。過去（「原爆ドーム」となる）
　　　→現在（「世界遺産」となる）→未来（平和のとりでを築くため、「原爆ドーム」が大切な役割を果す。そのため大切に守り続ける）
③「原爆ドームを保存するか、それともとりこわしてしまうか、戦後まもない広島では論議が続いた」とあるが論議は必要だったのか。
　　・述べられている原爆の惨状と人々の心情を関係づけて読む。
　　<u>＊被ばく時の惨状の写真、関連するインターネットの資料を求める。</u>
④「一人の少女の日記に後押しされて、原爆ドームの永久保存に立ち上がった」とあるが、一人の少女のことを筆者が取り上げる意味・必要があるのか。<u>＊少女の日記、まわり人の動きなどの資料を求め重ね読む。</u>
⑤世界遺産の説明で、エジプトのピラミッド、ギリシャのオリンピア遺跡、日本の姫路城や屋久島が例示されているが、それは妥当か。世界遺産には他にどのようなものがあるのか。<u>＊関わる情報を求め重ね読む。</u>
⑥わたし（筆者）は、原爆ドームが世界遺産の候補として、審査を受けるようになったとき、ちょっぴり不安を覚える必要があったのか。
　　・「原爆ドーム」と他の世界遺産との違いを関係づけて読むことで、「世界遺産」の意味、価値、意義について考えを深める。
⑦筆者は、世界遺産の中で原爆ドームを事例として挙げているが、それは妥当か。
　　・筆者の主張、世界遺産の定義の見直し、新たな価値づけ、未来に遺産を残すことの意味に対しての考えを持ち深め合う。
　　・取り上げられている以外に、「原爆ドーム」のような世界遺産は他にあるのか。
　　<u>＊「負の世界遺産」と言われるものについてインターネット等で調べ、</u>

その価値を考え、「次世代に残すべきもの」・「遺産の意味（残す、伝える、贈るなど）や価値」について考えを持ち交流する。
⑧原爆ドームは世界遺産として選ばれたが、未来に向けて大切に守っていく価値があると思うか。自らの判断・考えを持ち交流する。
　・全文章表現と関連資料の読みを関係づけ、総合した考えを持つ。
　・⑦⑧が第三次で示した関連読書活動による問題追究の観点となる。

● 教材文に関連する読書活動について（深め読み、発展読みの可能性）
　先に計画した、第三次段階の問題追究では、関連する読書活動の充実を目指したい。次にあげる資料（主に教科書教材）については、「平和のとりでを築く」の教材文を重ね読み、発展読みをすることで、今回取り上げた「遺産」を離陸点として〈読者〉の考えを広げ深めることができる。
(1)　「森林のおくりもの」（富山和子、東京書籍５年）、「森をそだてる漁師の話」（野坂勇作、福音館書店）を重ねて読めば、思考を深めることができる。
　「森林のおくりもの」では、森林からのすばらしい人類への贈り物を説明し、その贈り物が、実は森を守り育てた祖先からの贈り物であると結ばれる。同じく「森をそだてる漁師の話」も、海の恵みを守るために漁師が山に植林し森を育てていることが語られる。いずれも、未来（次世代）に贈り物（遺産）ができるために今何をすべきか、問題を私たちに投げかける。
(2)　さらに「百年後のふるさとを守る」（河田惠昭、光村図書５年）「千年の釘にいどむ」（内藤誠吾、光村図書５年）、「和の文化を受けつぐ」（中山圭子　東京書籍５年）「未来に生かす自然のエネルギー」（牛山泉、東京書籍６年）を重ね読むことで、次世代にぜひ「贈りたいもの」、「責任を持ち贈るべきもの」、「今の私たちから未来へ」と思考を深める発展読みに導かれる。その中で、教材文の読みもさらに深まり、意味を持つことになる。

（大石正廣）

（注）
1　中洌正堯「〈読者〉に育てる授業デザイン」（本書）の「❸単元の授業過程の目安」「読みの段階」「読みの対象（領域）」を参照。以下同じ。

● 授業デザイン ●

3 辞典の活用でイメージを広げ，論理的に読む〈読者〉に育てる
【2年「ビーバーの大工事」】

❶ 〈読者〉に育てるための本教材のキーとなる表現

　ビーバーの存在を知る子どもは多い。しかし，その身体能力や生活のことまで知っている子は少ない。この「知っているけど，詳しく知らない」というところに，子どもたちは惹きつけられる。さらに，その仕事は幅広く，子どもたちはビーバーの魅力にさらに関心を寄せるに違いない。

　このように題材自体が魅力的だが，表現にも筆者の工夫がある。例えば，「ドシーン，ドシーン」という擬音語や「のみのよう」「オールのよう」という比喩表現である。これらの表現を使って，ビーバーの仕事の様子を具体化し，イメージを膨らませることができるようになっている。しかし，子どもたちは比喩表現の「のみ」や「オール」という道具を見たり使ったりした経験が少ないため，イメージするときにつまずく表現になることもある。その2つの表現のうち，本稿では「のみ」という表現に着目し，辞典を活用することで，書かれている事柄を具体的にイメージするための授業を構想した。

　また，ビーバーの仕事は，①木を切り倒しダムを作る→②湖ができる→③巣を作るという工程からなる。しかし，なぜ敵から身を守る安全な巣を作るためにダムを作る必要があるのかは明示されておらず，ここに読者が補完すべきかくれた論理がある。そこにせまるために，辞典を活用して「湖」という表現に着目し，イメージを広げ，ダムと巣の関係を明らかにする授業を構想した。

　本稿では，辞典を活用して「事柄を具体的にイメージするための授業」と「かくれた論理を読むための授業」を提案する。

❷ 単元の目標

○事柄の順序に注意して，まとまりごとに内容を正確に読むことができる。
○動物の体や知恵のすごいところを見つけて，必要な情報を選んで「どうぶつのひみつ」ブックを作ることができる。

❸ 学習指導計画（全9時間）

単元名　どうぶつのひみつブックをつくろう
第一次　『ビーバーの大工事』を読んで，学習の課題を作ろう
　①全文を通読し，自分ならどんな題名をつけるかを理由とともに書く。
　　（教材との出会いが初めての場合，本文から題名を予想させてもよい。）
　②題名の「大工事」の秘密を探るという学習課題を作る。
第二次　ビーバーの「大工事」の秘密を探ろう
　③木を切り倒して川の中へ運ぶビーバーの様子から体の秘密を読みとる。
　④ダム作りをしているビーバーの様子から体や知恵の秘密を読みとる。
　⑤敵に襲われない安全な巣を作るビーバーの知恵の秘密を読みとる。
　⑥全文を読み返し，題名にある「大工事」に納得したかどうかを書く。
第三次　動物の体や知恵のすごいところを見つけて「どうぶつのひみつ」ブックを作ろう
　⑦興味のある動物の体や知恵のすごいところを調べる。
　⑧調べたことをもとに「どうぶつのひみつ」ブックを書く。
　⑨「どうぶつのひみつ」ブックを紹介し合う。
第3時→事柄を具体的にイメージするための授業
　　　　（着目する表現：「のみ」）
第5時→かくれた論理を読むための授業
　　　　（着目する表現：「湖」）

❹ 授業の実際

●事柄を具体的にイメージするための授業

　第3時では，本文のはじめの「木を切りたおすビーバー」という見出しに着目し，「切りたおす」という表現が適切かを問う授業を提案する。批判的な問いかけをすることで，子どもたちも注意深く読み進めていくと考えられるためである。授業は，次のような展開が構想できる。

　①辞典を活用し，「のみ」がどういう道具なのかを調べ，イメージを豊かにする。【教材からの離陸】

　②「のみ」のイメージを豊かにしたのち，叙述と関連づけて考え，「切りたおす」という表現が適切かを考える。【教材への着地】

|指示：辞典を使い「のみ」という言葉を調べよう。【教材からの離陸】|

○予想される児童の反応
- のみは上からかなづちで叩いて使います。削る道具とも書いてあります。
- 刃の先を押し当てて，すべらせて削っていく道具です。
- 形は平べったいけど，刃の先はするどくなっています。

|発問：ビーバーは本当に木を切りたおしているのだろうか。【教材への着地】|

○予想される児童の反応
- 「切る」というのは，1つのものを2つに分ける感じだから，ビーバーは1つの木を2つに分けているので，切ってたおしていると思います。
- 人が何かを切るときは，はさみやカッターとか道具を使うけど，ビーバーは「のみ」みたいな歯を使っています。ビーバーは，木をかじっていると書いてあるので，切っているのとはちょっと違うと思います。
- 「するどい歯でぐいぐいとかじっているのです」と書いてあるから，本当にのみを使っているみたいに削っていると思います。
- ビーバーの歯はのみと同じで平べったくて先がするどいから，削っていると思います。ビーバーは木を切っていないのではないかな。

・大工さんの木を切る仕事はおのやのこぎりでするから、のみみたいな歯を使っているビーバーは木を切っていないと思います。

このように、「切りたおす」という表現と叙述とのずれに着目し、辞典を活用して「のみ」のイメージを豊かにすることで、内容が具体的にイメージできると考えられる。授業の最後に、「木を切りたおすビーバー」という表現を、「木をけずってたおすビーバー」のように、子どもの気づきを反映させた見出しに書き換える活動を行えば、授業でどう思考をしたのかを可視化することもできるだろう。

●かくれた論理を読むための授業

第5時では、かくれた論理を読み取っていくために次のような発問をする。

> 発問：なぜダムを作ることが、敵から身を守る安全な巣を作ることにつながるのだろう。

次のような展開を構想する。
①叙述をもとにダム・湖・巣の位置関係を図に表したのち、辞典を活用し、「湖」のイメージを豊かにする。【教材からの離陸】
②「湖」のイメージを豊かにしたのち、ダム・湖・巣の位置関係図をかきかえる。【教材への着地】

最初に叙述をもとに「ダム」「湖」「巣」の位置関係を絵図化する活動を行い、イメージを具体化させると、児童は図1のような位置関係図をかくと予想される。一見すると、正しい図のようにも見えるが、これではダムで水がせき止められただけで、湖ができたことにはならず、不完全である。そこで、辞典で「湖」を調べてみる。

「湖」とは「四周を陸地にかこまれた大きな水たまり」「池・沼よりさらに大きい」ということがわかる。そこから、川は流れるものであるが、湖は水が溜まっている状態なので、流れがないことに気づくだろう。また、池や沼

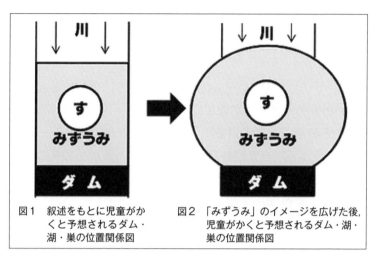

図1 叙述をもとに児童がかくと予想されるダム・湖・巣の位置関係図

図2 「みずうみ」のイメージを広げた後，児童がかくと予想されるダム・湖・巣の位置関係図

よりもさらに大きいことから，岸から岸までかなりの幅があることがイメージできる。すると，子どもたちは図2のように，幅が膨らんだ湖にかきかえるだろうと予想される。これにより，ダムができると水が溜まり，幅が広くなることで巣が岸から遠くなるということを視覚的に理解することができるのである。こうして，ビーバーが湖の真ん中に巣を作る理由が実感を伴って理解されると，ダムを作ることが敵から身を守る安全な巣を作ることになるというつながりがはっきりする。このように，イメージを豊かにし，図2のような位置関係図をもとに考えれば，次のようなかくれた論理が見えてくる。

①ダムを作る→（川をせきとめると水が溜まる）→②湖ができる（＝水がどんどん溜まり，幅が広がってくる）→（岸からの距離が遠くなる上に，川のように流れが少ないので巣は簡単に流されない）→③敵から身を守る安全な巣を作ることができる
※（　）内は，かくれた論理が補完された部分である。

このように，辞典を活用してイメージを豊かにすることができれば，かくれた論理を読みとることも可能なのである。

（小川洋子）

この授業のポイント

「辞典の活用でイメージを広げ，論理的に読む〈読者〉に育てる」説明的文章の授業

　「ビーバーの大工事」は，説明的文章であるが，文学を読むときのように，読み手が頭の中に映像を浮かべながらイメージ豊かに読むことが求められる。

　実践者は，児童がわかっているようでわかっていないと思われる比喩表現で使われている言葉のイメージを具体化していくために辞典を活用した。「のみ⇒削る道具」なのに，「のみで切りたおす」という叙述のずれを確認することによって，「体の特長と行動⇒知恵」とした。このことは，自分が選んだ動物の体の特長や知恵を「ひみつ」として説明するときに，児童に真似させたい表現である。

　「湖」に着目させた第5時では，かくれた論理を読むための授業とした。ここでもまず，「湖」の辞書的な意味を十分に子どもたちが理解していく必要がある。本教材は，ビーバーが川をせき止めてダムを作り，その内側に巣を作るという過程が4つの工程に分けて順序よく説明されている。しかし，「ダム・湖・巣」の関係も，わかったつもりでわかっていない可能性がある。なぜならば，実践者が記述しているように，敵から身を守るための「安全な巣」と「ダム」との関係が明確ではない。そこで，湖のイメージを豊かにし，「ダム・湖・巣」の位置関係を具体的に捉えさせている。

　本実践では，第三次では，〈読者〉に育ちつつある子どもたちが，自分が選んだ動物について書かれた本（辞典など），「ビーバーの大工事」で学んだ，文章の読み方（ざっと読む⇒丹念に読む）を使って，読んでいったことだろう。そして，第二次で学んだ表現（擬声語・擬態語・比喩・数値）を巧みに使って，体の特長と知恵を，表現していったことだろう。

　自分が選んだ動物を調べるため，動物事典などを読み，言葉の使い方にも意識を働かせながら，自分の表現に生かしていく子どもは，選んだ辞典を豊かに読む子どもの姿である。この姿に〈読者〉としての育ちを見取ることのできる実践である。

　　　　　　　　　　　　　　　　　　　　　　　　　　　　（中道元子）

● 授業デザイン ●

4 共生関係の言葉を捉え直す
【4年「ヤドカリとイソギンチャク」】

❶〈読者〉に育てるための本教材のキーとなる表現

　本教材は，ヤドカリとイソギンチャクの相利共生の関係について述べた説明文教材である。本教材のキーワードとして2つ設定した。1つは，助詞「と」である。本教材の題名「ヤドカリとイソギンチャク」には，助詞の「と」が使われている。『例解学習国語辞典』（小学館，以下「辞典」）では，題名に使われている助詞「と」について「物ごとをならべあげることば」とある。したがって，ヤドカリとイソギンチャクに優劣はなく，どちらも同じ立場で書かれていることになる。辞典の言葉通りであれば，ヤドカリもイソギンチャクも並べて書かれているだけだが，本教材においてはヤドカリとイソギンチャクが助け合うことで，双方に利益が生まれていることが書かれている。助詞「と」がこの「助け合う」という双方の関係を表していると考える。つまり，助詞「と」は，「ヤドカリ・イソギンチャク」という並列を示すだけでなく，「ヤドカリ⇔イソギンチャク」という相互関係を表す役目となっているのである。

　もう1つは「助け合う」である。「助け合う」という言葉も共生関係を捉える大事な言葉である。本教材はヤドカリとイソギンチャクの共生関係について述べているが，双方の利益には差異がある。ヤドカリは敵から身を守るためにイソギンチャクを自分の貝殻に付けるが，イソギンチャクはえさを得る機会を増やす程度である。ここにヤドカリとイソギンチャクの利益の違いがある。これに気づかせ読み深めるために，「助け合う」という言葉を辞典で調べ，その意味を捉え直したい。

このように辞典を使い，助詞「と」や「助ける」「合う」の意味を捉え直していくと，自力での読みでは気づきにくい，ヤドカリとイソギンチャクの相利共生の関係により迫ることができる。

❷ 単元の目標

○ヤドカリとイソギンチャクは，互いに助け合って生きる関係にあることを読み取ることができる。
○相利共生による利益に着目して「助け合い生き物カード」を作ることができる。

❸ 学習指導計画（11時間）

第一次
　①文章の大意をつかむ。
　　・「ヤドカリとイソギンチャク」という題名からどんな話かを想像する（「ぐりとぐら」「北風と太陽」「うさぎとかめ」の3つの題名と比較した後，辞典で助詞「と」を調べる）。
　　・初発の感想を書く。
　②難語句を調べる。
　③文章構成について考える。
　　・「序論－本論－結論」に分ける。
　　・問いと答えをもとに，本論を3つに分ける。
第二次
　①【本論1】ヤドカリがイソギンチャクを付ける理由を読み取る。
　　・問いと答えを確認する。
　　・（　）を埋めて本論1をまとめる。
　　「本論1は，（　）が（　）を（　）して（　）〈する〉話」

②【本論2】ヤドカリがイソギンチャクを付ける方法を読み取る。
・文章をもとに挿絵を並べ替える。
・（　）を埋めて本論2をまとめる。
「本論2は，（　）が（　）を（　）〈する〉話」
③【本論3】イソギンチャクの利益の話の必要性を読み取る。
・イソギンチャクがヤドカリに付くことによる利益を読み取る。
・（　）を埋めて本論3をまとめる。
「本論3は，（　）が（　）を（　）〈する〉話」
・「互いに助け合って生きている」や題名にある助詞「と」に着目させながら，イソギンチャクの利益の話の必要性を話し合う。
④【結論部】ヤドカリとイソギンチャクの助け合っている関係を読み取る。
・（　）を埋めて最後の文を書き換える（辞典で「助ける」「合う」を調べる）。
「ヤドカリとイソギンチャクは，（　　　　　）生きているのです」
・ヤドカリとイソギンチャクの利益の違いについて話し合う。
・ヤドカリかイソギンチャクになりきって，互いにお手紙を書く。

第三次
①図鑑や本で相利共生の生き物を調べ，「助け合い生き物カード」に書きたい生き物を決める。
②③「助け合い生き物カード」を作成する。
・両方の立場から書いてまとめる。
④「助け合い生き物カード」を発表・交流し，本にまとめる。

❹ 授業展開のポイント

　本教材はヤドカリから書かれた文章とイソギンチャクから書かれた文章がある。双方から書かれた文章があるため「助け合う」という文が成立する。第二次において各時に「（　）が（　）を（　）〈する〉話」の（　）

を埋め、まとめる活動を取り入れる（本論1だけリード文が多少異なる）。おおよそ本論1と本論2はヤドカリが主語になり、本論3はイソギンチャクが主語になるだろう。比較するとヤドカリの立場から書かれた文章とイソギンチャクの立場から書かれた文章があることがわかり、双方の立場から書かれた文章があって、「助け合って生きている」という言葉の理解を深めることができる。

● 助詞「と」に着目して読み広げる（第一次）

　第一次第1時において、題名「ヤドカリとイソギンチャク」から話の内容を想像させる。その際、有名な物語「ぐりとぐら」「北風と太陽」「うさぎとかめ」の各題名と比較させ、本教材とも共通している助詞「と」に着目させる。そして辞典で助詞「と」を調べ、ヤドカリとイソギンチャクは何らかの関係性があることを子どもに予想させたい。

● 「助ける」「合う」に着目して読み深める（第二次）

　第二次第4時では、最終段落にある「ヤドカリとイソギンチャクは、たがいに助け合って生きているのです」という文の「たがいに助け合って」の部分を書き換える活動を行う。書き換えるためには「助け合って」の同義の言葉を探さなければならない。そのため、辞典を用いて「助ける」「合う」を調べさせる。『辞典』には、「助ける」は「①力をかす。手をかす。②あぶないことからすくってやる」とある。相利共生の関係の中で、ヤドカリから見たら「力をかす」ことになり、イソギンチャクから見たら「あぶないことからすくってやる」ことになるだろう。「力をかす」と「あぶないことからすくってやる」では大きく違う。「あぶないことからすくってやる」はイソギンチャクがいなければヤドカリは敵に食べられてしまうほどである。これに対し、ヤドカリは「力をかす」程度であり、イソギンチャクは敵に食べられてしまうことはなく、えさを得る機会が増えるだけである。このような互いの利益の違いについて話し合い、ヤドカリとイソギンチャクの共生関係を読

み深めていきたい。

　また,「合う」という言葉に関して,『辞典』には,「(ことばの下について)『たがいに何かをする』『いっしょになる』の意味を表す」とある。「合う」という言葉は助詞「と」と「たがいに」の意味も含まれる重要な言葉であることも確認させたい。

　これらの活動を行い,次の「ヤドカリかイソギンチャクになりきって,互いにお手紙を書く」活動に生かす。ヤドカリとイソギンチャクの相利共生の関係に納得した子どもは,ヤドカリやイソギンチャクになりきって「お礼のお手紙」を書くだろう。しかし,ヤドカリとイソギンチャクの利益の違いに納得のいかない子どもは,その旨を伝えるお手紙を書くかもしれない。子ども自身の双方の利益についての読みが,お手紙の内容に表れてくるのである。

　このように,辞典を使い「助ける」「合う」を調べることで,自力での読みでは気付きにくい,ヤドカリとイソギンチャクの利益の違いに目を向けさせることができる。

●他の生き物に目を向け,相利共生の認識を広げ深める(第三次)

　第三次では,「助け合い生き物カード」を作成する。まずは図鑑や本で相利共生の生き物を調べる。相利共生の生き物としては,クマノミとイソギンチャクやテッポウエビとハゼなどが挙げられる。これらの中から1つ,「助け合い生き物カード」に書きたい生き物を選びまとめていく。

　子どもたちは,読み取りの中で相利共生の利益の違いに疑問を抱いたり,相利共生を調べていく中で片利共生(片方にしか利益がない関係)や寄生(片方には利益があるが,もう一方には害がある関係)の生き物も見つけたりするだろう。これらは,「調べてみたい」という意欲を湧き立たせるはずである。本単元学習後も自ら課題を設定し,調べていくような〈読者〉へと育てることができるだろう。

（荒井英樹）

この授業の　辞書の活用からキーワードとなる「語」に着目する
ポイント　ことにより児童を〈読者〉に育てる発問の工夫

①問いが生まれる発問の工夫

　荒井氏は，学習者を〈読者〉に育てるために，キーワードとなる語に着目し，辞典で調べることで読みを深めさせようとしている。

　「ヤドカリとイソギンチャク」の題名の中には，筆者が主張を述べるためのキーワードが隠されている。助詞の「と」は，『例解学習国語辞典』（小学館）によれば，10個の意味が書かれている。この題名から，荒井氏が述べているように，「と」は並立助詞で，"対等の関係にあるものをすべて並べあげる"が意味としてあてはまるであろう。しかし，"筆者は本当にヤドカリとイソギンチャクを対等に述べているのか"という問いを児童にもたせることができると考える。

　第二次では，読みの手立てとして，「（　）が（　）を（　）〈する〉話」と主語と述語に着目することにより，本論がどのように展開されているのかを理解し，児童が結論部の「たがいに助け合って」という筆者の主張に辿り着くことができる。さらに，複合語である「助け合う」を「助ける」で調べさせることにより，双方の利益には違いがあることに気づかせることができる。また，「合う」にも①引き合う。損をしない。②互いに何かをする。という意味がある。この説明文では，どちらが当てはまるのかを考えさせることにより，ヤドカリとイソギンチャクの関係に児童は気づくことができると考える。

②生きてはたらく言語力へ

　本単元を学習することで，２学期教材「くらしの中の和と洋」に児童が出会ったときに，自然に「と」の存在に気づき，結論部の「取り入れる」という複合語に着目し，読み深めていくことが期待される。このように，次の学びにつなげることのできる発問と読みの累積によって，児童が学習者から〈読者〉へと育つのではないかと考える。

（池上幸子）

● 授業デザイン ●

5 筆者の「読者を惹きつける書きぶり」を手に入れる
【6年「『鳥獣戯画』を読む」】

❶ 〈読者〉に育てるための本教材のキーとなる表現

　「『鳥獣戯画』を読む」はその文章の特性から，学習者に，より当事者意識を持たせることができる教材である。"熱を帯びた説明文"とでも言おうか。それは筆者である高畑勲氏の「書きぶり」にある。少し挙げてみよう。

・「はっけよい，のこった」で始まる冒頭のつかみ。
・鳥獣戯画の絵を説明する時の臨場感のある描写。
・「めくってごらん」といった表現に代表される読者への呼びかけ。
・「実にすばらしい」といった一見説明文には相応しくないような筆者の思い入れにも似た感想。

　これらの文章の特性は子どもたちを惹きつける。当事者意識を持ってテキストに向き合う。「『鳥獣戯画』を読む」という教材は，〈読者〉に育てる，ということをより実現しやすい教材と言えるのではないだろうか。実際に過去に本教材を授業した際，「読んでいて飽きない」「教材文にひき込まれた」といった子どもたちの感想が多数であった。

　私の国語教室では子どもたちに説明文教材や物語文教材の学習の際，単元の最初と最後に「感想文」を書かせる。「感想文でサンドイッチ」型の学習である。内容読解の授業に入る前，範読を聞いた段階で書く感想文を『出会いの感想文』，授業を全て終え，最後のまとめとして書く感想文を『まとめ

の感想文』と呼んでいる。

　本稿は「『鳥獣戯画』を読む」の授業デザインを提案するものであるが，実際に担任した子どもが書いた「感想文」を資料として手元に置きながら今後展開できる授業を模索してみたい。

　初めに本教材での辞書類活用の場面についてである。難語句や確認しておきたい語句はいくつも出てきているのだが，『出会いの感想文』の中で「語句」そのものについて触れた書きぶりは我がクラスでは30人中1人だった。以下である。

> 〈言葉が豊富に使われていること。「モダン」「アニメの祖」「もんどりうって」「和気あいあい」，たくさん頭に入れて，生活で使いたい。〉

　この子の学びの意識は，既に教材の内に閉じ込められたものではなく，いつでも教材から離陸し，また戻ってこられるアイドリング状態と言える。
　『出会いの感想文』では，「語句」に注目した記述はほとんどなく，多くの児童が高畑氏のその特有な「読者を惹きつける書きぶり（言い回し）」に注目した感想を書いた。そのことを「高畑ワールド」や「参加型説明文」というように独自にネーミングする子もいた。
　このことは，本教材を扱う際に，筆者の「独特な書きぶり」を中心に据えることが子どもの意欲を汲んだものになることを示している。
　同時に，直接「語句」に触れる子は少なかったが，ほとんどの子が書いた「読者を惹きつける書きぶり」を下支えしているのが「語句」である。よって授業では，「選び抜かれた〈語句〉があるからこそ独特な言い回しが生まれている」という認識のもと，「読者を惹きつける書きぶりの秘密を徹底的に探ろう」といった授業展開が構想できる。
　では「選び抜かれた語句」を少し抜粋してみよう。

「抑揚」「筆運び」「気品」「躍動」「祖」「原理」「もんどりうって」「筆さばき」「和気あいあい」「くり広げる」

　これらの語句は文章の途中，7段落までの絵巻の歴史に入るまでの「絵巻の仕組みや解釈」にあたる部分から抜き出したものである。最後には「自由闊達」といった言葉も出てくる。注目したいのはこれら「評価言」的な言葉群である。これらの語句は，読み手にイメージを抱かせる言葉である。これらの言葉をまずは辞書引きさせ1つずつ確認していく。

　その後全編を通して，筆者は敢えてそのような「言葉」をつかっていると位置づけ，その意義を理解させた後に自分でも1つの作品を紹介する文章を書かせる。そこでは「評価言的な語句」を意識した書きぶりが表れるのではないか。そのことがこの先相手意識，目的意識をもって〈より伝わりやすい言葉を選んで書く〉という「書き手」を育てると考えている。

❷ 単元の目標

○筆者の「読者を惹きつける書きぶり」に気づく。
○「読者を惹きつける書きぶり」の仕組みを知る。
○筆者の考え方を捉え，自分の考えを作る。
○「読者を惹きつける書きぶり」の仕組みを用いて文章を書く。

❸ 学習指導計画（全7時間）

次	時	主な学習活動
一	1	「『鳥獣戯画』を読む」の範読を聞き，「出会いの感想文」を書く。 ○表記面，内容面，自分の感想を意識して初発の感想を書かせる。
二	2〜4	筆者の「読者を惹きつける書きぶり」を抽出し，仕組みを知る。 ○「惹きつけられる書きぶり」を抽出させ，理由を言わせる。 ○惹きつける要素として「語句」に注目させる。

| 三 | 5〜7 | 「読者を惹きつける書きぶり」の仕組みを用いて文章を書く。
○紹介する「題材」を選定させる。
○自分のお薦めするものの「紹介文」を書かせる。 |

○惹きつける要素として「言い回し」に注目させる。
○筆者の考えを受け取らせ，自分の考えを書かせる。

❹ 授業展開のポイント

●第一次第1時「出会いの感想文」を書かせる

過去の実践より出会いの感想文の実物を掲載する。

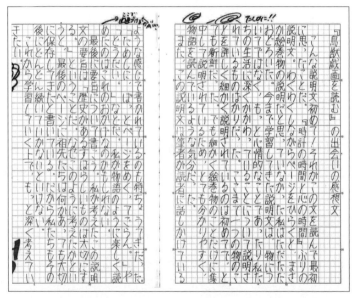

多い子でノートに5，6ページ書く。本授業案では書かせる際，子どもたちには「大切だと思う語句，難しいと思う語句について引用しながら書きなさい」と声をかける。そのことで先にあげたような「筆者の用いた選び抜かれた語句」が子どもたちの記述の中に表れてくるだろう。そうすれば「語句」を教師側から提示せずとも子どもの側からの活動として扱える。

●第二次第2時 「惹きつけられる書きぶり」を抽出させ，理由を言わせる

　「出会いの感想文」をもとに，子どもたちが独自に選んだ「惹きつけられる書きぶり」を発表させる。これまでの実態から多くの子どもたちが「惹きつけられる書きぶり」について言及するだろう。今回はその際に「語句」についても意識して書かせているので惹きつけられる要素として語句の抽出があるかもしれない。少なければ「大切と思う言葉，難しいと思う言葉は何かな」と促す。児童の意見を板書し，なぜその書きぶり（語句）を選択したのか理由を述べさせる。また，黒板に自分自身で書きに来させてもよい。

●第二次第3時　惹きつける要素として「語句」に注目させる

　前時で出た様々な「惹きつける書きぶり」の中から「語句」を取り出して辞書で意味調べさせる。その際はそれらの語句を際立たせるため，ワークシートにあらかじめ語句やその意味，その語句の持つイメージが書けるような欄を作っておくことが考えられる。

　高畑氏の独特な書きぶりを支えている要素の1つとして様々な「語句」が敢えて選択されてつかわれているということを押さえる。

●第三次第6，7時　自分のお薦めするものの「紹介文」を書く

　第二次で「語句」に意識的に注目させた上での第三次の自分で紹介文を書く活動である。子どもたちには「語句」「言い回し」を意識させて文章を書かせる。平たく言えば，「少しオーバー気味に，ドラマチックに自分の伝えたいことを伝えよう」という認識のもとに書かせる。テーマ（題材）を決め，原稿用紙3枚前後くらいで短く書かせる。意識して使った言葉，言い回しには自分で丸を付けさせる。本単元が，今後新しい文章に出会ったときに"意識して文章を眺める"ことのできる〈読者〉を育み，自ら文章を書いて伝えるときに"言葉を選択"できる「書き手」を育むことにつながればと考えている。

（森川正樹）

この授業のポイント 「読者から表現者へ」言葉を選択する「書き手」を育てる学習

　本教材は，筆者の映画監督らしさがあふれる視点と表現の工夫が随所で見られる。実践者は，この教材の特性を生かして当事者意識をもって，教材に向き合う読者に育て，言葉を選択して伝えることができる表現者にまで高めることを意図している。

　実践者の教室では，「出会いの感想文」を多い子でノートに５，６ページ書くという。この時点で，「書き手」として十分育っている。しかし，「語句に着目した記述がほとんどない」と分析し，「惹きつけられる書きぶり」を切り口として，「語句」を取り出す学習を位置づけた。第二次の学習は，「惹きつけられる書きぶり」から「惹きつけられる語句」を取り出し，辞書で意味調べをする。意味を書きこむワークシートには，意味を記述するだけではなく，語句のイメージも書くようにする。同じ語句であっても，それぞれが持つイメージが違う場合もあるだろう。それを交流することによって，筆者の発信と読者の受信の広がりを子どもたちが認識していくことになるだろう。同じ言葉でも読み手によって受け止め方が違うということから，自分が発信者になるときにはさらに言葉を吟味し，選んでいく姿勢が育つことも期待される。

　本実践では，筆者の工夫「語句」にこだわって学習を進めているが，別の角度から取り組むこともできる。たとえば，題名にも着目させたい。「鳥獣戯画」という絵巻物を「見る」ではなく「読む」と表現している。「語り口調」，このことについては，児童は気づき，感想に書いている。体言止め（躍動感を感じさせる）などにも，着目させたい。「読者から表現者へ育てること」つまり，「書き手」を育てることが〈読者〉を育てることであるなら，取り上げていきたいところである。

　第三次では第二次で学んだ，惹きつけられる書きぶり，惹きつけられる語句を選ぶために，「非連続型テキスト（たとえば絵画など）」を選んで紹介文を書くと，第二次の学びが生きてくるのではないだろうか。提案性の高い，ユニークな単元計画である。

（中道元子）

● 授業実践 ●

6 「ことばえじてん」と「図鑑」を活用する
【1年「いろいろなふね」】

❶ 〈読者〉に育てるための本教材のキーとなる表現

●3つの力と「ことばえじてん」

　1年生の子どもたちを豊かな自立した〈読者〉に育てるため，土台づくりとして，語彙力を鍛える基礎的な力を身につけさせたい。そのために，次の3つを重視する。①「言葉に意識を向けること」，②「言葉をイメージ化すること」，③「調べる習慣を身につけること」である。身の回りの言葉を無意識に使うのではなく，どういう言葉なのか意識し，自分なりのイメージを持ち，分からない言葉は曖昧にせずに自分で調べるという姿勢が，語彙力を磨く土台となり，めざす〈読者〉のあり方にもつながっていく。

　この3つの力を身につけさせるために，本実践では「ことばえじてん」を活用する。「ことばえじてん」は，幼児から学年向けの辞書・事典であり，各社から出版されている。短くわかりやすい文と楽しいイラストで言葉を説明しているので，まだ国語辞典には手が届かない1年生でも抵抗なく読み，調べることができる。3つの力の習得に有効なツールであると考えた。

●本教材の価値・表現の特性

　本教材「いろいろなふね」は，特徴的な機能を持った4種類の船について，「やく目」「つくり」「できること」という3つの観点で，同じ文型をくり返しながら簡潔に説明した文章である。身近な題材であり，「他の乗り物のことを調べてカードに書く」という発展学習も取り組みやすい。本実践では，教材文の読解をもとに，図鑑で調べ，「ことばえじてん」の形式にまとめるという言語活動を設定し，先に述べた3つの力の習得を目指す。読解の段階

で，船の名称の由来や漢字表記，観点につながるヒントの言葉「ための」「中には」「つんで」などに注目させ，「えじてん」を活用する。その上で「図鑑」を使って自力で調べ，まとめる学習を展開した。

❷ 単元の目標

○書かれている内容を事柄ごとに正しく読み取り，他の本や図鑑で調べたことを「ことばえじてん〜のりもの編〜」としてまとめることができる。

❸ 学習指導計画（全13時間）

第一次　のりもののことばあつめをしよう
　①「ことばえじてん〜のりもの編〜」を作ることを知り，乗り物の名前を出し合う。
　②「ことばえじてん」作りの資料として教材文に出会い，内容の大体を知る。
第二次　「いろいろなふね」で「ことばえじてん」を作ろう
　①「きゃくせん」について読み取る。写真からの情報，漢字表記も活用する。
　②「フェリーボート」について，前時の学習を生かして自力で読み取る。
　③「ぎょせん」について読み取り，「やく目」「つくり」「できること」の3観点に気づく。
　④「しょうぼうてい」について読み取り，説明の順序の効果を考える。
第三次　「ことばえじてん〜のりもの編〜」を作ろう
　①サンプルの図鑑から3つの観点を読み取り，「ことばえじてん」の形にまとめる練習をする。
　②③④1人1つ好きな乗り物を選び，乗り物の特徴や工夫について本や図鑑で調べる。
　⑤⑥調べてわかったことを観点ごとにまとめ，全員分を集めて1冊の「ことばえじてん」にする。

⑦完成した「ことばえじてん～のりもの編～」を読み合い，学習を振り返る。

❹ 授業の実際

　本実践では，単元に入る前に以下の取り組みをし，いろいろな種類の言葉に目を向けて親しむ素地を作ることを重視した。
①「ことばえじてん」の活用
　「ことばえじてん」を学級文庫に常設し，わからない言葉は進んで調べるように促した。また「ことばえじてん～○○編～」を作る活動を複数回行った（説明表現のモデルとしても活用した）。
②環境づくり
　絵本や図鑑をたくさん紹介し，読み聞かせを通して豊かな言葉に触れさせたり，「ことばあつめビンゴ」で楽しみながら語彙を増やし，掲示によりクラスで共有したりした。
③学習の中で
　説明文教材では，大事な言葉に注目し，自分の言葉で説明したり動作化したりする。くり返し出てくる言葉やキーワードに線を引く。内容のまとまりや順序を意識して音読する。

　第二次の授業では，教材文の読解を"調べてまとめる"練習と位置づけ，毎時間次のような流れで取り組んだ。
　①音読（段落ごと，観点ごとなど）　②言葉の確かめ　※「ことばえじてん」の活用　③「やく目」「つくり」「できること」で色分けし，線を引く　※調べる練習　④カードに記入　⑤ワークシートに貼る　⑥ふりかえり　※まとめる練習
　以下は，授業の様子である。
第1時　1時間の流れを確認し，教師と一緒にクラス全体で読み取っていった。「客船」「客室」「教室」など，漢字にすることでイメージしやすい語句

も多かった。写真に目を向けさせると，本文と絡めながらたくさんの情報を見つけていた。

第3時 観点ごとの音読により，「やく目」「つくり」「できること」の説明の順序に気づいた。また，ヒントの言葉（「やく目」→「～ための」，「つくり」→「ついています」など）にも気づき始めた。それらを生かして，大半の子に一人学びが可能となった。

第4時 音読中，ヒントの言葉に反応し，「簡単！」と言いながら読み取ってまとめられた。3つの観点の順序について，「理由があってつながってる！」と，発見する姿が見られた。

第5時 「もっと知りたい！」という声が上がり，急遽1時間追加した。補助教材として用意していたデジタル教科書の動画を見せると，それぞれの船についてさらに情報を収集して大喜びしていた。「ことばえじてん」の形式にまとめる際の注意点（情報の選択，つながりの意識）についても学習することができた。

第三次第1時

教科書の教材文と一般の図鑑の記述はかけ離れていることが多いため，まず，資料1のように教師が作成した「サンプル図鑑」で読み取りの練習をし，各自の調べ学習へ移行することとした。1時間の流れは第二次と同様に行った。以下は観点ごとに線を引き終わった場面である。

T：では，「つくり」のどこに線を引きましたか？
C：この車には長いはしごがついています。
T：どうして引いたか説明できる？
C：「この車には～がついています」の「ついています」が，船のときと同じ。
C：「この」も同じ
T：なるほど。この車ってどの車なの？
C：はしご車
T：「はしご車には～がついています」と説明しているから「つくり」ってこと？

なるほどなるほど。じゃあ,「つくり」の他の所にも引いたよという人いますか？
C：はしごの先のバスケットの部分には, 大人が3人乗れます。
T：同じ人？どうしてここに引いたの？
C：「部分」って書いてるから…。
T：「部分」っていうのが「つくり」を表してるのか。
C：ぼくも引いてた。
T：ヒントの言葉が増えてきたね。「つくり」はまだある？
C：はしごをのばした様子。アウトリガーで支えるしくみになっている。
C：アウトリガーって？
T：わかる人？
C：なんかぼうみたいな…。
C：船のとき車をとめておく？船がゆれるのをおさえて…。
C：出てる！絵に。
T：どこどこ？
C：みんな見て。まん中の。
C：あった！しましまの。
C：タイヤを支える。
T：これも「つくり」？
C：うん。

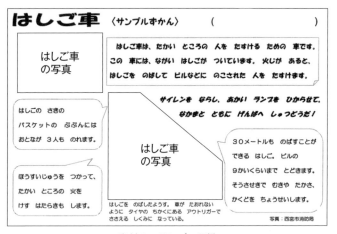

資料1　サンプル図鑑

　第二次からの積み重ねにより, 慣れた様子で学習に取り組めた。ヒントの言葉に注目して, 自分たちで観点ごとに線を引き, つながりを意識して「ことばえじてん」の形式にまとめることができた。わからない言葉が出てきた

ときに，聞き流すのではなく，自分たちの言葉で説明しようとしたり，写真から答えを導き出そうとしたりする姿も見られた。

第三次第2時～第7時

　はじめに第1時の復習をし，オリジナルのまとめ方を紹介したり，新しいヒントの言葉を押さえたりした後，流れ（乗り物を選ぶ→本を選ぶ→付箋を貼る→メモする→まとめる）の説明をして調べ学習をスタートさせた。資料には，図書室の図鑑や家から持参した本を使用した。

　子どもたちは非常に意欲的に取り組み，観点を意識しながら図鑑や本を読み解いてまとめていった。新しいヒントの言葉，資料による情報の差についてはその都度全体に広げた。中には休み時間まで集中して調べている子もいたが，一方で，意欲はあるものの3観点を見つけ出せない児童や，多くの情報から整理してまとめることが困難な児童もおり，個別指導が必要だった。

〈ワークシート〉

　単元に入る前の「ことばえじてん～○○編～」で使用した物を発展させ，観点ごとにまとめられるようにしたワークシート（資料2）を単元全体で使い，児童が取り組みやすいようにした。

資料2　ワークシート例

資料3　『ことばえじてん～のりもの編～』作品例

〈学習の振り返りより〉

①自己評価（できたと回答した児童の割合）

・「やく目」「つくり」「できること」に，自分で線を引けるようになった。(81%)
・図鑑や本の説明を読めるようになった。(93%)
・図鑑や本で調べることができるようになった。(90%)
・調べたことをまとめることができるようになった。(87%)

②感想（一部を抜粋）
・いろいろな乗り物を調べてまとめて楽しかった。また乗り物はかせになりたいです。
・「やく目」と「つくり」が少しだけ難しかったけど，できたので楽しかった。
・いい「ことばえじてん〜のりものへん〜」ができて嬉しかったです。

❺ まとめ

　1年生にとっては初めての「調べてまとめる」経験だったが，単元前からの積み重ねが功を奏して，目的に合った「図鑑」を選んで調べ，「ことばえじてん」をモデルに大事な言葉を意識してまとめ，それぞれ納得のいく作品を表現できた。観点のヒントとなる言葉の抽出，写真やデジタル教科書の動画，サンプル図鑑などの手立ても有効だった。

　言葉に対する意識も大きく向上した。言葉集めでは，相手に説明できる言葉を集める子が増えた。読むとき，書くとき，話すとき，言葉にこだわる様子が見られ，わからない言葉は質問したり，調べたり，説明しようとしたりするようになった。休み時間には，「ことばえじてん」や図鑑，自分たちで作った「えじてん」を嬉しそうに眺め，その周りに輪ができている。楽しみながら身につけた3つの力は，語彙力を磨く基礎となり，今後，子どもたちが自ら辞書類を活用し，主体的に教材に向き合う自立した〈読者〉となるために，大いに役立つだろうと確信している。

（中畑淑子）

（参考文献）
無藤隆・天野成昭・宮田Susanne 監修（2013）『学研ことばえじてん』学研教育出版

この授業のポイント

「計画的取り組み」と「学びの意欲をかきたてる方策」による〈読者〉に育てる土台づくり

　中畑氏は導入期の子どもたちの課題から，〈読者〉に育てるための語彙力を高める土台づくりとして３つの点を明確にしている。１つ目は「言葉に意識を向ける」こと，２つ目は「言葉をイメージ化する」こと，３つ目は「調べる習慣を身につける」ことである。このことは，「言葉に対する意識」を鋭敏にする，「ことばに立ち止まる」ことを１年生から身につけさせることであるといえる。本実践はこれらを身につけさせるために計画的で学習者の意欲を高める方策を取り入れた実践となっている。

　中畑実践の中心となるのは「ことばえじてん」である。学習者が抵抗なく読み，調べることができる有効なツールであると考え，学級文庫に常設し，わからない言葉は進んで調べるように促した。そして，単元に入るまでに学習者自身が「ことばえじてん」を何度か作成し，シリーズ化していた。そのため，学習者は「ことばえじてん〜のりもの編〜」を作る際も抵抗なく，逆に意欲的に取り組むことができた。また，その意欲が教科書を読むことにつながった。このことは，教材文から「ことばえじてん」に離陸し，教材文に着地するというスタイルで，〈読者〉を育てることにつながっているといえる。

　また，読解段階（第二次）の学習内容を辞典づくりの練習とし，学習をパターン化している。最初は自力読みができなかった学習者が徐々に「気づき」や「発見」を増やし，「もっと知りたい」と言うまでに変容を見せている。このような意欲的な学びは，学習者のワークシートにある「はしご車」のつくりに見られるように，自分で調べたはしご車と教材文の消防艇を比べて書き入れることにもつながっている。本実践に見られる緻密な計画かつ学習者にとって明快な仕掛けは，入門期の学習者の意欲を育てている。そして，教材文とその他の資料の間で離陸と着地を繰り返しながら読み通す力につながっている。まさに〈読者〉に育てることにつながっているといえる。

（畠中紹宏）

● 授業実践 ●

7 挿絵や写真，図書資料を活用し，関連づける
【3年「人をつつむ形」】

❶ 〈読者〉に育てるための本教材のキーとなる表現

　本教材「人をつつむ形―世界の家めぐり」は，文章と挿絵・写真を関連付けて読む説明的文章である。文章に比重は置かれているが，挿絵・写真を関連付けて読むことで，文章全体を理解することができるようになっている。「文章として読むこと」「挿絵・写真から中心的な情報を取り出すこと」これらを繋げて子どもたちは理解していくと言える。

　本教材のキーワードである「土地の特徴と人々のくらし」「地元にある材料と工夫」を読み取る段階において，子どもたちの「なぜ？」を大切にし，「家のつくり」から土地の特徴や材料と繋がる「くらし」に着目させる。読み取った家のことを短い言葉や文章で表現する活動（小見出し作り）や読み取ったことから〇〇の家クイズ（問いと答えの文）を作る活動を設定することで，関連付けや情報の取り出し，要約，引用の必然性が生まれる。

　子どもたちは，教材本文から情報を取り出したり，本文からいったん離れた（離陸した）読みによって情報を得たりして，理解を深めるのである。離陸した読みというのは，読解へのアプローチとして，語句の意味を辞書引きしたり，図書資料を活用したりして，教材文から一度離れて考え学習する読みである。土地の特徴を捉えるには，世界地図や Google Earth 等を活用することで，視覚化と同時に全体での共有化も図ることができ有効である。家の材料についても，視聴覚機器の活用により，理解の深まりが見られ，同じく効果的であると言える。これらの学習過程を経て，教科書教材へと着地する。このプロセスは，実感を得られる読みとなる。

本実践では，日本の家にも着目した。日本の中でも「なぜ，家のつくりが違うのか」と不思議に思う子どもたちである。そこで，白川郷の家と竹富島の家を比べる学習を組み込んだ。そうすることで，「土地の特徴や人々のくらしに合わせて，地元にある材料を使い，工夫してつくられている」という筆者の観点に結び付けることができる。そして，Ⅱ次の読解を基に，「世界の果てまで行ってみよう！」と題した言語活動をⅢ次に設定し，世界の家について紹介できるようにした。

　このような国語科授業づくりの集積によって，自発的に辞書引きや調べ学習を行う〈読者〉を育むことができると考える。

● **価値づける重要語句（本教材のキーワードとの関わりが深い語句）**
　本教材で紹介されている家のつくりが「なぜそのようなつくりになっているか」を解き明かすために，子どもたちに立ち止まって考えさせたい語句がある。また，叙述を基に読み取るように以下の語句に着目した。

①教材文の読解における語句（「学習指導計画」※１）
　　放牧，しのぐ，水はけ，しっくい，じょうご，利用，しゅうかく，わら，マングローブ，みき

②挿絵や写真と関連し，読解を広げる語句（「学習指導計画」※２）
　　馬ふん，ねんりょう，水がめ，石うす，だっこく

③図書資料等から得られる語句（「学習指導計画」※３）
〈例〉岐阜県の白川郷の家と沖縄県の竹富島の家の読解に関わった情報
　　「繭，絹糸，養蚕，産業，豪雪地帯，合掌造り，風通し，風土」
　　「石がき，サンゴ，赤瓦，漁業，防風林，亜熱帯性，湿度」

　このような語句に着目させることで，言葉への意識を高め，調べる習慣を身に付けさせることが可能である。教材文から離陸することで他の読みへと発展していき，広がりと深まりを持って再び筆者の観点に着地する。

❷ 単元の目標

　キーワードに結び付けて絵や写真から情報を取り出し，問いや答えの文を作ったり，簡単な対話をしたりする活動を展開する。単なる「家のつくり」のこととしてではなく，「人がいて家がある」という筆者の思いに結び付けて，人々の営みや暮らしとして読み広げる。そのために，叙述に即して自分の考えを書いたり，根拠を基にして想像したりして，豊かな読みへとつなげることをねらいとした。

　○文章や挿絵等から読み取ったことを整理し，いろいろな家のつくりについて，自分の考えを深める。
　・書いてあることを整理しながら読むことができる。
　・読み取った内容をノートに整理して書くことができる。
　・家のつくりについて，考えたことを説明することができる。

❸ 学習指導計画（全11時間）

次	時	学習活動
一	1	○世界の家のふしぎを見つけよう。 ・興味をもった家について話し合い，学習の見通しをもつ。
	2	○世界の家のつくりについて，筆者がどのように考えているかを確かめよう。 ・筆者の考えを読み，確かめる。 　観点①　土地の特徴と人々のくらし 　観点②　地元にある材料と工夫
	3	○文章構成について考えよう。 ・教材文を読み，頭括型の文章構成を知るために，今までの説明文と比べて違う点を考える。
二	4	○形式段落①〜⑤を読み，段落の役割を考えよう。 ・ボリビアとルーマニアの家を筆者の観点を使って，調べる。 ・形式段落②・③・④は必要かを考え，話し合う。

＜辞書の活用＞
・難語句調べ
・キーワード
※1

	5	○モンゴルの家のつくりについて考えよう。 ・家の特徴を2つの観点でまとめ，馬がくらしと深く関わっていることを読み取る。 ・モンゴルの家の特徴を短い言葉で表す。(小見出し作り)	
	6	○チュニジアの家のつくりについて考えよう。 ・家の特徴を2つの観点でまとめ，土地の特徴や気候に対応していることを読み取る。 ・チュニジアの家やくらしについてのクイズを作る。 (問いと答えの文作り)	
	7	○セネガルの家のつくりについて考えよう。 ・写真を手がかりにして，エルバリン村の場所を文章から図にする。 ・家の特徴を2つの観点でまとめ，家のつくりやくらしについて対話をする。 (ペアトークでの家の説明)	＜辞書の活用＞※2 ＜図書の活用＞※3
	8	○日本の家のつくりについて考えよう。 ・日本地図で「竹富島の家」と「白川郷の家」の場所を確認し，どのような工夫があるかをペア・グループで話し合う。	
三	9・10	○興味をもった家について，筆者の観点を関連付けて，説明する文章を書こう。 ・筆者の2つの観点を確かめる。 ・理由の述べ方を考える。	辞書・図書資料の活用 絵本「世界あちこちゆかいな家めぐり」
	11	○「世界の果てまで行ってみよう！」の交流会を開こう。 ・家のつくりについて，筆者の観点と関連づけて，説明文を書き，家のつくりの工夫について話す。	

❹ 授業の実際

　日本の家のつくりを説明することができるように，写真を見ながら，視覚情報を言葉に置き換えた。家のつくりを自然条件や人々のくらしと繋げて表現することをねらいとした。

　写真だけでは分からないことは図書資料や映像資料で補ったり，子どもたちから出た意見を整理，板書したりしながら，家のつくりについての理由を気候や材料と関連づけて考えるようにした。自身の経験とも結びつけて，家の特徴について考えを深めていくようにした。

まず，沖縄県竹富島の家の1枚の写真から多くの「なぜ？」が出た。これまでの教材文を対象とした読みから辞書や図書資料を対象とした読みへと学習が広がっていく。子どもたちは，なぜの根拠を探しながら，読み進めていった。言葉の意味を確かに理解することで，筆者の認識の観点である「どの家も，その土地のとくちょうや人々のくらしに合わせて，地元にあるざいりょうを使い，くふうしてつくられています」に共感的理解を示すことができた。教材に留まることなく，読むことの対象を広げた（教材から離陸した）ことで，筆者の思いを受けて，言葉を自分のものにする（教材へ着陸する）ことができた。
　次の発話の記録は，竹富島の家の写真と白川郷の家がどちらであるかを予想させ，発表させた後のものである。
Ｔ：上の写真が沖縄県の家で下の写真が岐阜県の家です。でも，なぜこんなに家のつくりがちがうんだろうね。
Ｃ：地域が違うからやで。
Ｃ：モンゴルやセネガルみたいにその土地にある材料が違うしな。
Ｃ１：暑さや寒さに関係しているはず。
　Ｃ１の声を受けて，竹富島の家に関するビデオ鑑賞を行った。このビデオは参考資料に載せている映像資料である。Ｃ１のような子どもの反応を予想し，指導者が準備しておくと，より核心に迫る読みができると言える。
　このビデオ鑑賞を通して，赤瓦の効果を知ることができた。赤瓦の断熱性，雨，風に強いことが理解できた子どもたちは，竹富島の気候について知りたいと感じ，図書資料等で調べ始めた。すると，子どもたちは，図書資料等を通して，気温や湿度が高いため台風が多いことや台風から家を守るために一階立てとなっていることに気づいた。この他にも家のつくりについての工夫を巡って，次のように「石がき」のことから問いかけ，授業を展開した。
Ｔ：なぜ家の周りに石がきがあるのかな。
Ｃ２：夏には，毎週のようにやって来る台風の強い風から家を守るため。
Ｃ３：屋根の形が平べったいのは，風をよけるためだと思う。

C4：2階や3階だと風で，家がこわれそうだから。
C5：瓦は重いので，風でとばされにくい。瓦の下は，しっくいをぬっているから，雨にも強いはず。
C6：家の近くにある木が風を弱めてくれると思う。

　このように，子どもたちは憶測ではなく，資料からの情報を基にして筆者の観点に戻ることができた。白川郷の家も同様だろうと想定していた。子どもたちは，主体的に辞書や図書資料等を用い，ペアやグループで話し合いながら，家の工夫となる根拠を探していた。図1はペアやグループでの活動で得た語句等をノートにメモしたものである。

　ペアやグループ学習を経て，全体での交流時では，どのグループからも「屋根の高さ」や「かやぶきの屋根」についての意見が出た。図1のノートからもわかるように，ルーマニアの家のつくりと似ていることに気づいていた。なぜ，似ているのかと問うと，ルーマニアの気候と似て，冬は大雪に見舞われるためだと子どもたちは答えた。

　くらしに関わる内容が少ない中，読書家であるC2の次の発言に，子どもたちが驚いた。「屋根うら部屋では，蚕を育てている。蚕のまゆから糸を作っている」「まゆをお湯に浸して，そ

図1　二つの家の比較

こから糸をとるねん」「蚕を育てるのは，むずかしいらしい。フンがあると死んでしまい，えさの葉も毎日とりかえないといけないから」子どもたちは，「C2は，さすが物知り博士やなぁ」と食い入るように発言を聞いて納得していた。

　こうしたC2の発言を受けて，C1が日光を取り入れるために家の向きが同じであることに気づき，発言した。ここでも大いに授業が盛り上がった。そして，C3がC1とC2の意見を受けて，窓の多さは風通しのためではな

いかと考えたのである。養蚕という産業で，くらしていることを理解した。まさに，各地方によって，家のつくりが違うのは，土地の特徴や人々のくらしに合わせているためだと筆者の観点を捉えることができた。学習中，子どもたちは，「たしかに！」「なるほど！」と何度も反応していた。第8時の学習後，次のような感想からも筆者の観点に着地していることが見て取れる。

「最初は，なぜこんな家の形にしたのかふしぎに思っていたけれど，その土地のとくちょうに合わせて，そこで生きてくらすために家のつくりが工夫されているとわかった。日本の中でこんなに家のつくりがちがうとは思わなかった」「教科書の人をつつむ形に書いていたことと同じだった。他のめずらしい家を見たい。なぜそのような家か，なぞをときたい」「世界の国もその土地に合うような家をつくり，生活していることがはっきりとわかった」

❺ まとめ

　めざす〈読者〉に育てるための取組について考えてきた。辞書等の活用により，言葉に対する意識の高まりが見られた。「人がいて家がある」「その土地の特徴や人々のくらしに合わせて，地元にある材料を使い，工夫してつくられている」という筆者の観点に結びつけることで，読みが深まり，「書きたい」「知らせたい」という表現する子どもたちへと成長を遂げた。ペアやグループの活動の設定により，自分の言葉で表現することにも慣れさせることができた。今後は，さらにいっそう自分の考えをもち，交流することや友だちの意見を取り入れたり，聞き手を意識して説明したりすることができるように，語句・語彙の習得と活用をめざす。辞典等の活用をはじめ今回使用した多様な図書資料の活用は，子どもたちを自立した〈読者〉へと導く大切なツールとなるにちがいない。

（齋藤敬子）

この授業のポイント　読みを拡げ，興味を拡げながら根拠を探究する力をもった〈読者〉に育てる

　齋藤氏の実践は学習者の興味を引き出し，自発的な読みに導く実践である。巻頭にある〈読者〉になる要件から説明的文章における〈読者〉に育てるとは，低学年では「興味をもつ」（課題発見への意欲），中学年では「興味を拡げる」（課題解決への意欲），高学年では「興味を深める」（課題解決を繰り返す意欲）という段階が考えられる。以上のように考えるとき，本実践に見られる教材からの離陸ポイントは２つある。１つ目は，語句の意味を調べる「辞書」に始まり，内容を捉えるための図書資料，世界地図やインターネット地図，ビデオ映像がある。２つ目は，教材文にある「世界の家」とは別に，「日本の家」を提示したように，新たな教材を離陸ポイントとして用いている。このような離陸ポイントを作りながら学習者の興味の拡散をはかっている。

　また，大切な点は拡散だけでなく，収束に向かわせるための手だてもしっかり打っていることである。他の教材や資料に興味が拡散したままで終わり，何の力もついていない，まとまりのない学習となる場合もある。しかし，本実践は筆者の主張である「家が土地の特徴や人々のくらしに合わせて，地元にある材料を使い，工夫して作られている」という点を学習者がしっかり意識している。その意識をもちながら学習を進めているため，「なぜ，この家はこんなつくりなのか」と「この土地にどんな特徴があるのか」ということをしっかり結びつけ，根拠を探るために他の教材や資料に離陸している。そのため，最終的には教材文が着地ポイントとなり，拡散していったものを収束に向かわせ学習内容の理解につなげることができている。

　授業の実際の最後に掲載された児童の感想の中に「（前略）他のめずらしい家を見たい。なぜそのような家か，なぞをときたい」というものがあった。自ら課題解決に取り組み，交流することで自分の考えが補強され，考えがまとまった自信がうかがえる。また，自立して読みを広げていこうと自分で課題をもち，新たな課題解決への意欲が満ちあふれている感想である。学習者が新しい学習者，〈読者〉に向かって歩み始めている。　　　　　（畠中紹宏）

● 授業実践 ●

8 「シナリオ化」で教材を読解する
【5年「和の文化を受けつぐ」】

❶ 〈読者〉に育てるための本教材のキーとなる表現

●本教材の価値・表現特性と単元設定

　本教材『和の文化を受けつぐ』は，日本の伝統的な文化である和菓子を題材にした，序論・本論・結論の構成が明確な文章である。本論が「和菓子の歴史」（観点1），「和菓子とほかの文化との関わり」（観点2），「和菓子を支える人々」（観点3），という3つの観点で説明されていることと，この3つのことについて考えることによって「わたしたちもまた，日本の文化を受けついでいくことができる」と筆者が結んでいることから，和の文化について調べて発表する形式の学習に適している。

　このような教材を使って自立した〈読者〉に育てるために，児童が「調べたい！」「調べなければならない」といった感情を抱くような単元設定を行いたい。今回は，「KHK（瓦木放送協会）提供　教養講座『なるほど！ザ 和の文化』を作ろう！」と題して，番組作りという単元を設定した。KHK（瓦木放送協会）というのは，勤務校である瓦木小学校のKを使って，NHK（日本放送協会）になぞらえた架空の放送協会である。番組作りは，児童の学習意欲にインパクトを与えるだけではない。教養番組を作るためには，「和の文化」についての知識を得なければならないし，視聴者にわかりやすく伝わるような内容と構成（論理展開）を考えた「放送シナリオ」を作らなければならない。この「放送シナリオ」を作るという活動を重視することが，自立した〈読者〉に育てることにつながると考えた。

● 「シナリオ化」とその方法

　教材を読み解き，放送シナリオにリライトする作業を「シナリオ化」と名付けた。多大な情報から観点ごとに必要な情報を付箋に抽出し，貼る位置（順番，上下）を考えながら構成を考える「構成メモ作成」と，構成メモと引っぱってきた資料を基に，文章と資料を関連付けて，視聴者が「なるほど！」と思えるような放送シナリオを書く「放送シナリオ作成」の２つの作業を「シナリオ化」とした。第１作業「構成メモ作成」では，教材の要点把握，論理展開の可視化をねらい，第２作業「放送シナリオ」作成では，文章と資料の関連付け，放送シナリオと教材との関連づけをねらっている。授業では，本教材を一つの資料として扱い「シナリオ化」していき，そこで身についた技を用いて，ほかの「和の文化」についても「シナリオ化」していった。

● 「シナリオ化」で，学習者に辞書類を活用させたい表現（漢字，語句）（※下線部は「４．授業の実際」にて詳細を記載。）

（ア）本教材の論理展開を読むために
・接続語…「まず」「次に」（順序），「このように」（まとめ）
「例えば」（補足），「また」（添加），「一方」（対比）
・接尾語の「め」…「一つ目」「二つ目」「三つ目」
・時を表す言葉「かつて」「〜時代」「その後」「〜時代以降」「現在」
（イ）言葉の持つ世界を広げるために
（※矢印の先には，自分のものにしたい内容を記述した。）
・「唐」「使者」「南蛮」「西洋」→日本と外国の貿易
・「年中行事」「ももの節句」「たんごの節句」→和菓子にこめられた願い
・<u>「野分」「ふき寄せ」などの和菓子</u>→職人の感性の豊かさ
・<u>道具「和ばさみ」「三角べら」</u>→職人の技術力の高さと感性の豊かさ

❷ 単元の目標

○「和の文化を受けつぐ」ことについて，自分の考えを深めることができる。
○課題を見出しながら，複数の本や資料を読むことができる。
○伝えたい内容や目的に合わせて，形式を工夫して放送シナリオを作成する

ことができる。

❸ 学習指導計画（全17時間）（※下線部は，「4．授業の実際」にて詳細を記載。）

第一次　『なるほど！ザ・和の文化』第０回放送から学習の見通しを持つ
　①『なるほど！ザ・和の文化』第０回放送を見て，学習計画を立てる。
　②第０回放送の構成メモと放送シナリオを読む。
第二次　『なるほど！ザ・和の文化』第１回放送「和菓子編」を作る
　①教材を観点別に読む（序論・本論・結論の構造を読み解く）。
　②和菓子の「紹介」部をシナリオ化する。
　③④和菓子の「歴史」部をシナリオ化する。
　⑤⑥「ほかの文化との関わり」「支える人々」の論理展開を読み解く。
　　　どちらかを選び，シナリオ化する。
　⑦「まとめ」部をシナリオ化する。資料の効果を考える。
　⑧⑨第１回放送の収録をする。番組を見合い，追加の資料を吟味する。
第三次　『なるほど！ザ・和の文化』第２回〜第８回放送を作る
　①②班でどの「和の文化」について調べるのか決め，構成メモをつくる。
　③④構成メモから，自分の担当の放送シナリオを作る。
　⑤第２回〜第８回放送の順に収録する。
　⑥番組を見合い，学習の振り返りをする。

❹ 授業の実際

● 第０回放送のシナリオを読む（教材からの離陸）（第一次第２時）

　教科書 p.156 〜 p.159の「山下さんのグループの発表」を参考に教師が作成した第０回放送を観て，番組のイメージを共有した。自主学習で「和の文化」について調べてきたり，アナウンサーの表情や言葉遣い，話し方などを意識してテレビを見るようになったり，子どもの学習意欲は確実に高まった。
　第２時では，第０回放送の構成メモと放送シナリオから，「説明の観点」と「放送シナリオの書き方」を読み取った。
　以下は，「放送シナリオの書き方」を読み取る授業の様子である（※下線

は指導内容に関係している部分。以下同じ）。
T：「構成メモ」に情報を付け加えて「くわしく説明する」というのが出ました。他に「これがあったらわかりやすいなあ」と，気づいたことはありますか。
C：言葉だけじゃなくて，資料も見せてます。
C：筆とか写真とか見せてる。それに「資料を見せる」とかわざわざ書いてる。
C：付け足しで「資料を示す」も書いてあります。
C：ほかに「資料を下ろす」も書いてあるよ。
（後略）

　この後，資料に関連して「この写真を見てください」などの「資料に注目させる言葉」，視聴者の注意を引く「問いかけ，語りかけ」の言葉に思考が流れていった。「放送シナリオの書き方」として以下の４点にまとめられた。

> ①くわしい説明（言葉と資料で）
> ②資料を出すタイミング（資料を見せる，資料を示す，資料を下ろす）
> ③資料に注目させる言葉（「この写真を見てください」「この図のように」など）
> ④問いかけ，語りかけ（「〜はどうでしょうか」「〜してみましょう」など）

　この４点を言葉でまとめることで，児童は教材をシナリオ化していく過程で，より視聴者にわかりやすく伝えるために，文章と資料とを関連づけて読み解いていった。

●本教材の「シナリオ化」（教材からの離陸）によって，筆者の論理展開を読む（教材への着地）

　第二次では，教材から観点ごとに必要な情報を付箋に書かせ，交流した。付箋の代わりに黒板には短冊を貼って全体で確認できるようにした。この短冊を操作しながら，接続語などの言葉を根拠に教材の論理展開を読み解いた。
　矢印の短冊が一段下にずらしてあったこと（※板書写真⇦一部）から，「例えば」に着目して「具体例」とその「小見出し」に分けて教材を読み解いていった。以下は，その続きの第二次第５時の授業の様子である。
T：そしたら，「年中行事」と「茶道」の高さは同じでいい？
C：同じでいいです。だって，どっちも「ほかの文化との関わり」の「ほかの文化」の具体例になっているから。

C：⑨段落に「また」ってあって，「また」は「そのほかに」って意味だから，年中行事のほかに茶道とも関わりがありますよ。だから，同じでいい。
T：おお。「また」に着目したんだね。
C：「また」は，まだあります。「支える人々」の方にも。
C：でも，こっちは同じ職人のことについて言ってるよ。
C：違うで。「和菓子を作る職人」と「道具や材料を作る職人」だから，違う。
C：「支える人々」は「まず」和菓子職人で，「そのほか」にも道具や材料を作る職人もいるよ。っていう意味。
C：あと，「食べる人たち」もいます。
C：「一方，和菓子を作る職人がいても，それを食べる人がいなければ，和菓子はいずれなくなってしまうのではないでしょう」と書いてあって，食べる人も和菓子を支えています。
T：いま「一方」って言ったけど，ここ「また」にしたらだめ？
C：「また」は「そのほかに」だけど，「一方」は前のことと反対のことを言うときに使う言葉で，職人とは反対のことを言っているから。
C：「一方」は「もう１つの側」って意味だから，職人じゃなくて「食べる側」だから。
（後略）

　短冊を操作することで，教材の論理展開を読み取っていった。ここで学習したことを踏まえ，児童は「例えば」「また」「一方」などの接続語を積極的に使って，文のまとまりと文同士の関係を意識して，放送シナリオを作成していた。

第二次第５時の板書

● 「シナリオ化」（教材からの離陸）によって，関連づけて読む（教材への着地）

　上記で示した「放送シナリオの書き方４点」を意識することで，文章と資

料を関連付けて放送シナリオをおこしていった。観点2「ほかの文化との関わり」では,「野分」「ふき寄せ」の写真がないことから,「『野分』『ふき寄せ』とはどんな見た目なのか」という疑問を持つ子どもが出てきた。タブレットで調べて見せると,「同じ『野分』でも,店によっていろんな形,模様がある」ことに気がつき,和菓子作りの職人が和菓子作りに必要な「感性」を養うという内容をより実感して読み取ることができた。同様に,観点3「支える人々」では,教材文に和菓子作りの道具である「木型」「三角べら」「和ばさみ」のうち,「木型」しか写真がないことから,「『三角べら』と『和ばさみ』がどんな道具で,どのように使うかを知りたい」という疑問が生じた。事前に準備していた写真を見せることで,「三角べら」は花の模様を作るのに使われること,「和ばさみ」は餡を切って菊の模様を作るのに使われることを知り,職人の繊細な技と感性の豊かさに感心していた。児童に疑問を出させること,そしてその疑問が解消されるような資料とそれを探す方法を教師が示すことで,児童が新たに疑問を持ち,自分の疑問をそのままにせず調べてくるようになった。また,それらの新たな情報を共有していくことで,教材の内容をより深く読み取ると同時に,調べ学習のときの新たな観点として児童の中に蓄積されていった。

　いよいよ第三次である。7つの班はそれぞれ,「焼き物（波佐見焼）」「昔遊び」「和包丁」「寿司」「うどん」「和紙」「姫路城」について調べ,「シナリオ化」していった。以下に,様子と成果物を紹介する。

　「姫路城グループ」では,姫路城の造りの写真から「一部の門が『いろは順』であること」に気づき,それを皮きりにどんどん調べ学習が進んでいった。具体的には,「いろは順の門」→城の「からくり」→城造りに関わる大勢の人→城主の権力の強さ→歴代城主はだれ？→豊臣秀吉,池田輝政など→池田輝政と不思議な話→ほかの文化との関わりで紹介という具合である。「いろは順」にならんでいる門の面白さを皮きりに,大いに話し合いが盛り上がった。他のグループでも,疑問を共有し,解決しながらどんどん調べ学習が進んでいく様子が見られた。

次に,「昔遊びグループ」の放送シナリオの一部を紹介する。教材を「シナリオ化」する中で学習したことを存分に発揮している。
(※下線は,発揮していることが認められる部分。「／」は改行を表す。)

> 　<u>次に</u>,「昔遊びとほかの文化との関わり」についてです。／昔遊びは,お正月によくやりますよね。そのお正月でする遊びには,<u>第1回に放送した「和菓子」と同じように,人々の願いが込められている遊びや縁起のよいものがあります。</u>／これを見てください。<u>例えば「羽根つき」</u>。羽根つきには1年の厄をはね,子どもの健やかな成長という願いがこめられています。これを見てください(無患子(ムクロジ)の実(資)と羽根を見せる)。<u>羽根のここに使われるムクロジの実は,こう漢字で書き「子どもが病気を患わない」という意味があります(資料を下げる)。羽根をつきそこなうと顔にすみをぬるのはまよけのおまじないでした。女の子の初めての正月に羽子板をおくる風習もあります。</u>／<u>また</u>,「福笑い」などもあります。これを見てください(資料「福笑い」を見せる)。(後略)／<u>このように</u>,<u>昔遊びには正月と深い関わりがあります。</u>年末も近いのでお正月にぜひやってみてください。

　下線部を見ると,第1回放送の「和菓子」と関連づけて,「昔遊び」にこめられた「人々の願い」について詳しく説明していることがわかる。また,二重下線部からは,学びとった論理展開を意識し,接続語を使っている。結果,文章全体が引き締まり,すっきりした文章になった。

❺ まとめ

　教材の「シナリオ化」によって,自立した〈読者〉を目指して実践を行った。それぞれのグループの授業中での話し合いや成果物を見てみると,接続語を頼りに読み取った論理展開が調べる際の観点となり,疑問を解消しながら内容を関連づけて読むことが,第三次で大いに生かされていた。どの子も意欲的に複数の本や資料を読んで,友だちと交流し,自分の担当の放送シナリオを書くことができた。本書で目指す〈読者〉に近づけたと感じる。

(片岡慎介)

この授業のポイント 「3つのできた」で教材文と辞典類をつなぐ学習

　本実践は片岡氏が「〈読者〉に育てる」ために重要視した,「このような教材を使って,児童に『調べたい』『調べなければならない』と思わせる」という単元構成が考え出されている。その中でもまず,導入段階で以下の3つの点を学習者の交流の中で確認することができている。

> ①どんな番組を作るかのイメージができた。
> ②構成メモや放送シナリオを使い,書き方の4つの観点作りができた。
> ③番組づくりにおける視聴者（伝える相手）意識ができた。

　この「3つのできた」の結果,学習者は単元の終わりまでどのような学習を進めていくかが明確になり意欲的に活動することができていた。

　まず,通常の学習では教材文で説明されている内容の理解を補うために写真や資料を活用する。しかし,本実践では「授業の実際」にある番組作りがイメージされているため,放送シナリオを書く内容を補うために学習者が主体的に写真や資料から情報を得ようとしている。常に教材文と辞書や図鑑類を往復しながら,豊かな読みにつなげることができている。

　また,説明の方法がわかることは実際に教材文を読む際の参考となり,「ここはわかりにくいので,資料や写真を見せよう」というイメージを持ちながら読むことへの伏線ともなっている。

　さらに,相手意識を持つことで学習者が「伝えたい」という思いが強くなる。その強さが,いろいろな情報を読もうとする意欲につながる。学習者は教材と学習者が作る放送シナリオを離着陸している。自分たちの原稿をよりよくするために,教材文をクリティカルに読む。その結果,納得した書きぶりや論理展開を放送シナリオに生かしている。このように学習者が積極的に知識を活用しようとしたり,クリティカルに読もうとしたりする姿こそ,新しい〈読者〉の形といえる。

（畠中紹宏）

あとがき

　本書は，国語教育探究の会（大阪本部）のメンバーが中心となって執筆した。国語教育探究の会は，現中洌正堯顧問を代表として平成元年に大阪で発足した研究会である。今では中国（山口），東京，九州，名古屋，兵庫に支部を有する研究会となっている。どの支部も月例会，年次研究大会の他に，単行本の執筆・刊行も積極的に展開しており，本書もそうした研究活動の一環をなすものである。

　とはいえ，本書は企画段階から執筆までに十分な時間があったわけではなかった。所収の実践報告や授業アイデアには，総論にある中洌顧問の考えや発想を直接的に反映させた実践を行い，得られた成果と課題をもとにまとめたものもあれば，新たに実践する時間的余裕がなかったため，既に終えていた実践を本書の考え方に即して整理し直してまとめたものもある。

　しかし，「整理し直し型」の実践報告，授業アイデアにしても，執筆に向けての検討作業の中で，総論にある〈読者〉に育てることを意図した授業づくりの観点，要素を十分内包していることを再認識することができた。そこには，毎月例会に集い，授業開発や単元づくりの発想，実践感覚を共有できていたことが大きな要因としてあったと思われる。授業開発や実践のセンス，哲学のようなものは，置かれた環境の中で少しずつ少しずつ，しかし着実に形成され，身についていくものなのだと，改めて実感することができた。

　本書の発刊に当たっては，木山麻衣子編集部長に格別のご高配を賜った。記して感謝申し上げる。

　本書が，新たな世界を自分の力で開拓していく，広がりと深まりのある，豊かで，力強い〈読者〉を育てる実践開発の一助となれば幸いである。

2016年7月

吉川芳則

【執筆者一覧】（執筆順）

中洌　正堯　兵庫教育大学名誉教授

田窪　豊　大阪総合保育大学准教授

山下　敦子　神戸常盤大学准教授

中西　康恵　大阪府大阪市立豊里小学校

石橋　卓　大阪府大阪市立磯路小学校長

川本　貴康　兵庫県西宮市立瓦木小学校

藤村　湖春　兵庫教育大学大学院院生

植田　明代　兵庫県加東市立社小学校

吉田　伸子　大阪府大阪市立鯰江東小学校長

日野　朋子　大阪教育大学附属天王寺小学校

池上　幸子　前大阪府大阪市立小学校

小川　洋子　兵庫県三木市立三樹小学校

髙木　富也　滋賀県東近江市立八日市南小学校

吉川　芳則　兵庫教育大学大学院教授

大石　正廣　神戸松蔭女子学院大学特任教授

中道　元子　大阪府大阪市立北田辺小学校長

荒井　英樹　兵庫県加古川市立志方西小学校

森川　正樹　関西学院初等部

中畑　淑子　兵庫県西宮市立段上西小学校

畠中　紹宏　大阪府大阪市立伝法小学校教頭

齋藤　敬子　大阪府大阪市立榎本小学校

片岡　慎介　兵庫県西宮市立瓦木小学校

【編著者紹介】

中洌　正堯（なかす　まさたか）
1938年、北九州市生まれ。兵庫教育大学名誉教授、元兵庫教育大学学長。全国大学国語教育学会等会員、日本国語教育学会（理事）。国語教育探究の会・国語論究の会顧問。国語教育地域学の樹立を目ざし、「歳事（時）記的方法・風土記的方法」を提唱する。

【主な著書】
『国語科表現指導の研究』(渓水社，1986)／『子どもとひらく国語科学習材　音声言語編』(明治図書，1998，編著)／『子どもとひらく国語科学習材・作文編』(明治図書，1999，編著)／『ことば学びの放射線「歳時記」「風土記」のこころ』(三省堂，2007)『「新たな学び」を支える国語の授業　上・下』(三省堂，2013，監修)

吉川　芳則（きっかわ　よしのり）
1960年、兵庫県生まれ。兵庫教育大学大学院教授。博士（学校教育学）。全国大学国語教育学会（理事）、日本国語教育学会等会員。国語教育探究の会事務局長、同会大阪本部、兵庫支部代表。

【主な著書】
『アクティブ・ラーニングを位置づけた中学校国語科の授業プラン』(明治図書，2016，編著)／『教室を知的に，楽しく！　授業づくり，学級づくりの勘どころ』(三省堂，2015)／『説明的文章の学習活動の構成と展開』(渓水社，2013)／『クリティカルな読解力が身につく！説明文の論理活用ワーク（低・中・高学年編，中学校編）』(明治図書，2012，編著)／『小学校説明的文章の学習指導過程をつくる』(明治図書，2002)

国語教育選書

主体的な〈読者〉に育てる小学校国語科の授業づくり
―辞典類による情報活用の実践的方略―

2016年8月初版第1刷刊　Ⓒ編著者　中洌正堯・吉川芳則
　　　　　　　　　　　　　　発行者　藤　原　光　政
　　　　　　　　　　　　　　発行所　明治図書出版株式会社
　　　　　　　　　　　　　　http://www.meijitosho.co.jp
　　　　　　　　　　　　（企画）木山麻衣子（校正）奥野仁美
〒114-0023　　東京都北区滝野川7-46-1
振替00160-5-151318　電話03(5907)6702
ご注文窓口　電話03(5907)6668

＊検印省略　　　　　　組版所　共 同 印 刷 株 式 会 社

本書の無断コピーは，著作権・出版権にふれます。ご注意ください。

Printed in Japan　　　　　　　　　ISBN978-4-18-260826-1
もれなくクーポンがもらえる！読者アンケートはこちらから　→